文
景

———

Horizon

中国研究
文摘

The Digest of Chinese
Studies

第 1 辑

刘东　主编

上海人民出版社

刘 东 主编

　　浙江大学敦和讲席教授，中西书院院长。出版有《西方的丑学：感性的多元取向》《天边有一块乌云：儒学与存在主义》等 30 余种著译作，主编"海外中国研究丛书""人文与社会译丛"等十几套丛书，并创办了《中国学术》杂志。

编 委（以姓氏笔画为序）

王侃良
浙江工商大学东西文明互鉴研究院

朱宇晶
华东师范大学社会发展学院人类学研究所

刘 晨
新加坡国立大学中文系

杨 朗
浙江大学中西书院

吴冬明
澳门大学历史系

赵刘洋
复旦大学马克思主义学院

郑 涛
浙江传媒学院设计艺术学院

徐 明
浙江大学中西书院

彭姗姗
中国社会科学院近代史研究所

薛轶群
中国社会科学院近代史研究所

目　录

论坛

争鸣

首发词

— 刘 东 —

打算在耕耘有年的"中国研究"领域，另行创办一个文摘型的系列，这个念想早就在心中嘀咕多年了。事实上，不光是每逢接受采访的时候，一旦把话题扯到了这方面，我就不由得要提到这样的设想，我还曾跟一家有名的出版社，就此达成过合作的意向，惜乎到后来也没能落实下来。

不过，既然在过去这几十年，总是挣扎在"风雨飘摇"中，也早就把我本人的性格，摔打得"也无风雨也无晴"了。或者说，自己的心劲儿早被磨炼得，虽然不致去强人所难，却也总想要以柔克刚。我不会只因为撞了一次南墙，便就此心灰意冷、撒手躺平，倒总是在默默无言地等着，而时不时又把久有的愿望重新捡拾起来唠叨唠叨，并且就在看似无意的唠叨中，表现出一丝丝的倔强或不服来。——所幸的是，根据这么多年碰壁后的经验，也没准儿就可以碰上机缘，又把旧有的愿望给激活了！

说起来，之所以形成了这样的夙愿，有着一正一反的两种原因。在一方面，如果从积极的角度来讲，那么好像也没必要过谦了：我的那套"海外中国研究丛书",确实是获得了相当的成功,以至被说成是"影响了中国的几代学人",乃至是"罕有学者没受到它的影响"。——正因为这样,它也可被看成是突出的表征,来激发在学术上的急起直追,正如我刚刚发表的演说:"我们应当透过这件事看到,不光是以硅谷为代表的理工科,在那边常能推出让人瞠目的成果,而且,以藤校为代表的文科学术,在那边也同样是欣欣向荣,简直在创意方面美不胜收,层出不穷,容不得我们坐井观天地小觑。事实上,比起在芯片制造上的差距来,我们在这方面肯定是差得更远。"(刘东:《个人没有垃圾时间》)

可在另一方面,如果从消极的方面来讲,虽说在汉学著作的移译上,我们总算还有了某些进展,至少是在拉近跟国际的距离,那么,一旦谈起汉学论文的把握,那就几乎什么都谈不上了,甚至连"瞠乎其后"都谈不上;根据我个人的长期观察,实则很少有人真能做到,去实时追踪国外同行的、代表了最新创意的论文,哪怕只是限于他本人的专业。——而偏偏就在此时,又因为舆论空间的骤然收紧,竟使得越来越多的学术专著,已很难再被整本地译出了。于是乎,就在这两种力量的挤压下,学术视野便只能日渐狭隘了。

一般来说,学术界的成果发表步调,会沿着时间上的前后顺序,先是表现为会议上的宣读,再又表现为期刊的论文,最后才谈得上论著的出版。因此,既然不可能总去现场听讲,那么对于学术动向的追随,就只能靠及时地阅读杂志了。所以,一旦把对国际同行的了解,只限制在对他们整本著作——更不要说还只是翻译著作——的阅读上,在时间上就无疑要大大滞后了;甚至于,真等到那些译著面世时,说不定它们的作者都已告老了、过世了,根本就无法再进行交流切磋了,而这样过时而脱节的信息,所具有的情报价值也就很稀薄了;更不要说,也不是所有的论文都会铺陈成书,那也很可能就是其最终的发表形式。

唯其如此,才一直想要创办这个系列,来弥补长期郁结的遗憾,以拓展国内学界的知识视野，也让嗅觉变得更加灵敏、更为迅捷。虽则说，这样一个言简意赅的、仅仅是文摘性质的系列，还无法反映出那些文章的全貌，尤其是就论证的密度、注释的周备而言；可无论如何，这种含菁咀华式的扫描或巡礼，还是有助于建立起国际的标准，不管是在炼意的独创上，还是在蹊径的另辟上。——最起码的，在这种阅读中建立起来的、日渐枝繁叶茂起来的知识树，也会让联想的能力大大地加强，知道了如果想在哪方面下力，就应先去敲一下谁家的房门。

此外，除了将会占据主要篇幅的《论文》栏目，我们还将开设更加丰富的《书评》栏目、更加灵活的《论坛》栏目，和更吸引眼球的《争鸣》栏目。一方面，这应当有助于松动学界的僵化头脑，不再是哪本书一旦被介绍了进来，就马上不假思索地视其为"高见"，乃至是可堪师法的、进入流行的"定见"。另一方面，这也能示范书评的正常写法，不再是主要由作者的友人或弟子，去写那种"高山仰止"式的表彰文字，乃至陷进了"相互吹捧"的恶俗名利场。

正是出于这些初衷，我们集聚了来自多个学府的、相当精干的编委队伍，而他们出席的第一次编务会议，就已让上海人民出版社的编辑们，也包括我本人，都感到了眼前一亮，喜出望外。长远来看，这个系列的基本质量，乃至于能在多大程度上获得成功，终要靠这些年轻同事的勤奋，以及他们的学术判断眼光；而这里可以事先担保的则是，即使不敢夸口是"竭泽而渔"了，可是他们在每一次编务会议之前，总都要先读掉数十种外文期刊；因此，这里每一次能够提供给大家的，都会是对于前一段时间里，在"中国研究"领域中的"全景式"扫描。

进一步说，这样的一个系列，既代表了我们的一次工作进展，也代表了我们的一种明确姿态。如果说，在改革开放如火如荼的年代，我曾经为丛书写下过这样的序言——"就在中国越来越闭锁的同时，世界各国的中国研究却得到了越来越富于成果的发展。而到了中国门户重开的今天，这种发展就把国内学界逼到了如此的窘境：我们不仅必须放眼海外去认识世界，还必须放眼海外来重新认识中国；不仅必须向国内读者移译海外的西学，还必须向他们系统地绍介海外的中学"（"海外中国研究丛书"《总序》）；那么，等时光再荏苒到了今天，我们正好又可以用这个系列来标示进一步的、更加深入的"改革开放"。——无论如何，进一步地去真心拥抱整个世界，并且就在这种长期的拥抱中，来进一步地反观和觉察中国本身，这不仅是我个人选定的长期取向，也应是整个中国学界的出路所在。

事实上，从来就不曾有过哪一个时代，能够在当时就被人们认定为，是适合"做学问"的大好光阴，无论是孔子的"礼崩乐坏"的时代，还是黄宗羲的"天崩地解"的年代，抑或王国维的"安不下书桌"的时代。可无论如何，那"学问"还是被少数人给做出来了，至少也是被"一线单传"地递交下来了，并且由此脱颖而出的少数成功者，又会被后人描绘为"不世出"的"大师"，羡慕他们竟能生活在"适合做学问"的年代。——由此可见，无论如何都没有理由自暴自弃，只把外在环境当成"躺平"的借口。我们还是希望通过"中国研究"的领域，这个最容易引起阅读兴趣的领域，来进一步展示国际的学风与规则；并且，还就借着这种持久的阅读兴趣，等《中国研究文摘》又坚持了若干年之后，也会像"海外中国研究丛书"一样，又给中国学界带来进一步的潜移默化。

最后要说的是，正如我在一开头就讲过的，"根据这么多年碰壁后的经验，也没准儿就可以碰上机缘，又把旧有的愿望给激活了"，而这个系列终于得以面世的机缘，也就在于我跟温泽远社长的一拍即合。为了这一点，也为了出版社为此派出的精干团队，我要向这位投缘的出版家致敬——毕竟以中国的历史之久、规模之大、传统之厚，总还不缺乏堪称"出版家"的人！

2024 年 12 月 14 日

余杭·绝尘斋

中国青铜时代的政治经济学

一个复杂供给体系的模型

江雨德　哈克　金囧佑 等

摘自：Roderick Campbell, Yitzchak Jaffe, Christopher Kim, et al., "Chinese Bronze Age Political Economies: A Complex Polity Provisioning Approach," *Journal of Archaeological Research* 30 (2022): 69–116。

　　传统研究往往将青铜时代的政治经济视为高度的集中化，强调中央政权对资源的垄断与分配。然而近年来的考古发现和理论发展却表明，青铜时代的经济结构要更加多样与动态，在地方自主性和区域经济互动方面尤其复杂。因此，作者认为有必要重新审视中国青铜时代的政治经济学。文章提出一个新的供给体系模型，用以理解青铜时代复杂社会的经济模式。以往的研究对青铜时代的描述过于片面，主要依赖中原地区的考古资料，而忽视了不同区域的异质性。此外，现有的研究偏重礼仪经济，而较少去关注资源流动、生产模式和消费行为之间的深层联系。

　　研究早期复杂社会的经济活动需要跨学科的合作，并且整合考古学、文献学、生态学和经济学的数据。作者在文章中使用"供给体系"（a provisioning approach）作为分析框架，这一模型借鉴了人类学和经济学的学科方法，关注从生产到消费的动态整体过程。供给体系的核心在于理解社会如何通过多种经济机制协调资源分配，从而支持政治、军事和礼仪需求。这种方法能够打破传统上对集权体系的固有假设，为研究地方性经济和区域间互动提供新的理论工具。文章聚焦中国青铜时代的北方和中原地区以及西周时期，通过对具体考古数据的分析，比较它们之间不同的经济模式和资源管理方式，以揭示区域的多样性以及验证供给体系在理解复杂社会中的作用。

供给体系下的政治经济学

供给体系的核心在于打破传统研究对资源"集中化"（centralization）的单一假设，而提出资源的流动和分配过程是动态且多样的。供给体系关注经济活动的3个主要领域：（1）生产：包括农业、手工业和狩猎采集活动。生产不仅是经济活动的基础，也是社会身份和权力的象征。（2）交换：包括垂直（vertical）交换（如赋税和礼仪性贡品）和水平（horizontal）交换（如区域贸易和市场活动）。（3）消费：资源的最终用途。

作者将交换模式进一步分为3种类型，以考察其在社会整合中的作用：（1）垂直交换指的是国家权力对资源的集中控制，如赋税和礼仪性资源的分配。（2）水平交换反映了地方经济的自主性和区域间的互动，如石峁遗址中的长距离贸易网络。（3）个人化与非个人化交换：个人化交换（如礼物）强化了社会关系，而非个人化的市场交易则推动了商品化。为了更清晰地理解资源的社会功能，作者借用经济学的分类方法，将资源根据是否为排他的（excludable）和竞争的（rivalrous）区分为4类：（1）公共物品（public goods）：如城墙、道路等基础设施和全民医保，是非排他的和非竞争的。（2）私人物品（personal goods）：如家庭消费的粮食和衣物，是排他的和竞争的。（3）俱乐部物品（club goods）：如仅供特定群体使用的道路通行费和俱乐部会费，是排他的但非竞争的。（4）常用物品（common-use goods）：如牧场和水源，虽然由社会共享，但其使用权通常受到一定限制，因此是非排他的但竞争的。这一分类方法（图1）不仅可以帮助我们厘清不同资源的社会功能，还能够更好地揭示出资源流动的多样性及其对复杂社会的支撑作用。

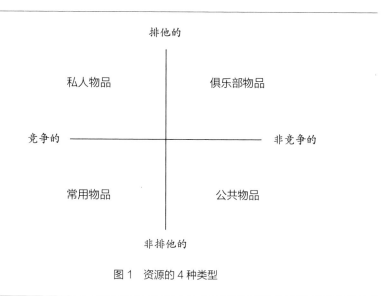

图 1 资源的 4 种类型

中国青铜时代的典型遗址

"青铜时代"这一术语起源于西方考古学,用于描述青铜工具和武器在社会中占主导地位的历史发展阶段。在中国,青铜时代的定义更为复杂,其时间跨度约为公元前 2500 年至公元前 500 年,是一个跨越多个区域和文化的过程。作者将二里头文化视为青铜时代的早期文化,将商代晚期和西周作为青铜时代的高峰期——在此期间,青铜技术被广泛用于礼仪、军事和政治领域,这是定义这一时代的核心标志。青铜冶炼不仅是一种技术创新,也是政治经济整合的重要手段。青铜器的生产和分配往往与权力和社会等级密切相关。例如,祭祀所需的大型青铜器通常由国家控制,反映了青铜技术在支持礼仪经济中的关键地位。同时,青铜技术的发展并非局限于中原地区。良渚文化和三星堆遗址的考古发现表明,长江下游和西南地区也发展出了各具特色的青铜文化。换句话说,青铜技术的传播和发展具有显著的区域多样性。

与古代美索不达米亚地区或古代埃及相比,中国青铜时代的政治经济模式更为分散，地方经济和区域互动在社会发展中扮演了重要角色。此外，尽管青铜技术在中国早期复杂社会中占据重要地位，但农业经济的核心作用从未被取代，这使得中国的青铜时代表现出更强的综合性。厘清"青铜时代"这一概念的定义及其在中国考古学中的适用性，以及西方和中国对青铜时代的不同研究路径，可以为我们更好地理解中国青铜时代的复杂性奠定理论基础。

北方地区（公元前 2600—前 1800 年）

石峁（公元前 2200—前 1800 年）：石峁遗址位于陕西神木，是欧亚大陆早期复杂社会的代表性遗址之一。其规模宏大，核心区域包括内城和外城，拥有复杂的防御设施（如石墙和城门）。这些建筑反映了石峁作为区域性中心的战略地位。石峁实行以农业和畜牧业为基础的经济模式，主要生产小米、黍、粟，同时饲养牛、羊和猪。这些生产活动支持了当地的生活需求。然而，考古证据显示石峁经济并非完全依赖地方资源。遗址中发现的玉器和其他外来物品表明，石峁通过长距离贸易网络获取稀有资源，例如所获取的玉器可能来自数百公里外东北地区的红山文化聚落。石峁在跨区域经济网络中可能具有重要的节点功能。

陶寺（公元前 2300—前 1900 年）：陶寺遗址位于山西襄汾，出土了大型宫殿式建筑和贵族墓地，显示出高度的社会等级分化。陶寺的经济基础以农业为主，居民生产多种作物（如小米和黍），同时还生产用于礼仪性活动的玉器。陶寺的墓葬显示出其社会结构中权力和资源分配的不平等：高等级墓葬中包含大量随葬品，低等级墓葬中的随葬品则较为简单。许多像这样的特征表明；陶寺社会已经从以亲缘关系为基础的平等社会向阶级社会过渡。

山东龙山（约公元前 2600—前 1900 年）：山东地区的龙山文化展现出与中原不同的经济模式。这一区域以稻米种植为主，同时发展了以陶器和玉器为主的手工业。在与中原存在一定文化交流的同时，山东龙山文化在技术和礼仪形式上也有着显著的地方特色。作为一个相对独立的经济体，龙山文化社会发展的路径不完全依赖中原的影响，这也说明经济多样性是理解青铜时代中国北方区域互动的重要维度。

中原地区（约公元前 1900—前 771 年）

二里头（约公元前 1900—前 1600 年）：发现于河南偃师的二里头文化通常被认为是中原地区青铜时代的开端。二里头遗址展现出高度的社会复杂化，包括中心的宫殿建筑、青铜器铸造作坊和大型聚落。青铜器在二里头文化中具有明显的礼仪性，主要用于巩固贵族阶层的权力。在经济模式上，二里头文化依赖高度组织化的农业生产，主要种植物为小米、黍和大豆，并饲养有家畜。在手工业方面，青铜器和陶器生产的集中化表明这一文化已形成较为发达的经济分工。此外，遗址中发现的绿松石和海贝壳等外来物品反映了长距离贸易网络的存在，这些物品主要用于礼仪和贵族阶层的消费。

二里岗（约公元前 1600—前 1400 年）：二里岗文化的时代大约相当于商代早期，其遗址分布广泛。二里岗时期的经济模式更为集中，青铜器生产成为礼仪经济的核心。大型青铜器的铸造表明，二里岗文化在资源整合和技术管理上达到了新的高度。到了二里岗时期，青铜礼器变得更加重要，这些器物不仅用于宗教仪式，也是贵族权力的象征。此外，二里岗文化的农业和手工业生产依然具有地方自主性，陶器的本地生产可以满足日常生活的需求。

小双桥－洹北（约公元前 1400—前 1250 年）：小双桥和洹北遗址是商代中期的重要遗址，反映了地方经济活动的多样性。这些遗址的青铜器生产主要供给地方消费，青铜礼器的数量和规模均少于和小于二里岗。此外，遗址中发现的手工业制品种类丰富，包括骨器、陶器和玉器，显示出地方经济的活力。洹北遗址的农业生产主要以家庭为单位，具有较强的自主性。这一经济模式既支撑了地方性的社会组织，又为商代中央政权的资源供给提供了基础。

安阳（约公元前 1250—前 1050 年）：安阳遗址（殷墟）是商代晚期的核心遗址，其政治经济组织代表了中国青铜时代经济模式的高峰。安阳的经济模式高度集中，青铜器生产由中央直接管理，并主要用于宗教仪式和军事需求。安阳遗址的大规模建筑和复杂的社会分工表明，晚商时期的资源调配能力已经相当完善和复杂。此外，遗址中发现的大量青铜器铭文记录了资源的来源和使用情况，这些数据为研究晚商经济提供了直接证据。

西周时期（约公元前 1050—前 771 年）

在土地管理上，西周采用了以井田制为核心的模式。井田制是一种以土地分配为基础的资源管理方式，其目的是通过制度化的土地所有权和劳动力分配来支持中央政权的礼仪和军事需求。尽管井田制的实际操作方式存在争议，但其核心目标是确保土地和农业资源的高效利用。然而，考古发现和青铜器铭文表明，西周时期的土地管理并非完全集中化，而是通过分封制将土地资源分配给地方诸侯。地方诸侯不仅承担赋税义务，还通过地方性的农业和手工业生产来支撑中央政府。这种双轨的土地管理模式既反映了西周时期经济的高度集中化，又体现了地方自主的重要性。

礼仪经济是西周经济的重要组成部分。与商代类似，青铜器在西周时期仍是礼仪活动的核心物品，用于宗庙祭祀、权力象征以及资源分配的记录。通过铭文研究，我们可以看到西周时期的青铜器铭文不仅记录了资源的来源，还揭示了资源的具体用途，如作为祭祀仪式中的金属器物和贵族之间交换的礼物。不仅如此，西周时期的青铜器制作规模和种类也比商代更大、更丰富，这反映了礼仪经济的持续发展。尽管大部分青铜器的生产仍在中央的直接控制下，但也有证据表明存在地方性的生产。

西周时期的分封制度不仅是一种政治组织形式，也是一种资源管理和经济整合的重要机制。分封制通过将权力下放给地方诸侯，促进了区域间的经济互动。考古发现表明，西周时期的诸侯不仅向中央贡纳资源，还通过贸易和礼物交换参与区域经济网络。此外，西周时期出现了铜贝这一早期货币形式，用于小规模贸易和地方市场交易。尽管铜贝的使用范围和功能有限，但其出现标志着商品经济在礼仪经济之外的萌芽。

结语

通过对不同区域不同时期案例的研究和比较，作者认为中国青铜时代的经济模式远比传统观点中的要更为复杂和多样化。青铜时代的资源管理和经济组织在不同区域展现出显著差异。北方地区的石峁和山东龙山文化表现出地方经济的自主性以及通过长距离贸易网络获取资源的能力，中原地区的二里头和商代遗址反映了礼仪经济与集权体系的结合，而西周的分封制则将地方资源纳入了一个多中心的网络。尽管礼仪经济在青铜时代占据核心地位，但商品经济并未被完全排除。西周的铜贝货币显示出商品经济的萌芽，而商代遗址的大规模本地生产的考古发现则表明市场机制可能更早就被运用于区域经济活动中了。青铜时代的供给体系既包括中央主导的资源分配（如青铜器的生产与使用），又涵盖了地方性生产和横向交换。这种动态的供给模式是青铜时代复杂社会得以维持的重要机制。

作为一种理论模型，供给体系不仅适用于分析中国青铜时代，也可以为理解其他古代复杂社会提供重要参考。供给体系强调资源流动的多层次动态性，通过结合考古学、历史文献和经济学理论，为理解复杂社会提供了一个综合性视角，能更好地揭示传统叙事中被忽视的地方经济和区域互动。但供给体系的适用性也存在一定的局限。首先，不同区域的社会经济模式可能有显著差异，供给体系模型需要结合具体的考古背景进行调整。其次，往往面临考古证据的缺乏，尤其是在消费和交换领域，当前的考古记录仍不足以支撑系统性的分析。最后，供给体系的动态特性需要长时段的数据支持，而这在考古学中并不容易做到。未来，作者希望深化区域经济网络的研究，进一步探讨具体的贸易网络、资源流动和地方经济自主性的运作机制。作者还希望进行更长时段的比较，通过将时间跨度扩展至更早的青铜技术起源期或更晚的秦汉时期，分析经济模式的长期演变及其连续性，如礼仪经济如何逐步向商品经济转型。

（吴冬明　摘编）

何时"秦墓"非秦墓？

汉水中游的文化（解）建构

赵家华

摘自：Glenda Chao, "When is a Qin Tomb not a Qin Tomb? Cultural (De)construction in the Middle Han River Valley," *Asian Perspectives* 61, no. 2 (2022): 253–284。

作者从考古学中"秦墓"这一术语的使用出发，批评了传统研究对地方墓葬文化的过度简化。现有的研究通常将墓葬直接归类为"周"、"秦"或"汉"，并将地方文化视为被动接受中央文化的结果。这种分类方法忽视了秦汉时期的地方社会在文化交流和社会变迁中的主动性。"秦墓"不仅是一个考古类型学的标签，更是一个文化混杂与互动的"场所"，反映了地方社会如何通过物质文化实践构建和表达其身份。作者以湖北襄阳的王坡墓地为例，通过详细的考古分析和量化研究，讨论楚、秦以及汉文化在墓葬实践中的复杂互动。文章的中心问题是：这些墓葬是否能简单地归入"秦墓"的范畴？抑或是否反映了地方社会在秦帝国扩张背景下的独特文化表达？通过对墓葬形制和随葬品的分析，作者重新定义了秦汉时期地方墓葬的文化属性，为考古学墓葬研究提供了一个新的视角。

王坡墓地位于汉水中游的襄阳地区，地处楚文化和秦文化交汇的边界。秦汉的行政改革进一步推动了这一区域的整合，但地方社会仍然保留了许多传统文化元素。王坡墓地的时代从战国晚期到西汉中期，是研究楚、秦、汉文化互动的理想案例。文章聚焦王坡墓地一区的 62 座墓葬。这些墓葬保存完好，随葬品种类丰富，包括陶器、青铜器、玉石器和铁器等。墓葬的年代跨度涵盖了楚文化的衰落、秦文化的渗透以及汉文化的兴起，为研究地方社会如何应对帝国文化的整合提供了重要线索。作者通过对墓葬形制和随葬品的详细分析，试图回答地方社会在这一历史巨变中如何表达其独特的身份。

作者认为，现有的研究通常依赖于文献记载和器物类型学，将墓葬简单地划分为"秦墓"或"汉墓"，这种方法忽视了地方文化的复杂性与多样性，其局限性主要体现在3个方面。首先，文献记载往往带有强烈的政治或意识形态偏向，倾向于强调中央的控制力，而忽略地方社会的多样性。其次，器物类型学的分类过于强调文化特征的标准化，未能充分讨论文化交融和地方创新的动态过程。最后，这种分类方法将地方社会视为中央政策的被动接受者，忽视了地方社会在物质文化实践中的创造性。为了解决这些问题，作者采用了量化分析方法，特别是主成分分析（Principle Component Analysis）法，对墓葬的随葬品和结构特征进行统计研究。这种方法不仅可以归纳随葬品的文化特征，还能揭示它们的组合模式及其背后的文化逻辑。通过这种方法，我们可以突破传统器型学和类型学分类的局限，重新审视地方墓葬的文化意义。

对王坡墓葬出土随葬品的主成分分析显示，这些物品不仅包括楚文化的典型器物，还包括秦文化的典型器物以及本地化的创新器物。楚文化的延续体现在陶器和青铜器的形制上，特别是带有楚式纹饰的双耳陶罐，这些器物表明了地方社会对楚文化的认同和延续。与此同时，秦文化的渗透则体现在简化设计的陶器和带有铭文的青铜器上，这些器物与秦的行政制度密切相关。地方性创新则体现在一些混合风格的器物上，例如结合楚文化造型和秦文化工艺的陶器，这些器物反映了地方社会对外来文化的选择性吸收和改造。

通过对墓葬结构的分析，我们可以清楚地看到地方社会在文化变迁中的适应与创新。战国晚期的墓葬大多为楚式土坑墓，带有壁龛，显示出典型的楚文化特征。秦汉过渡时期，墓葬形制逐渐出现了双层棺椁和更大的墓室，反映了中央对地方丧葬实践的标准化要求。然而，地方社会在接受中央文化时，并未完全放弃自己的传统。一些墓葬的结构和随葬品组合显示出独特的地方性变异，体现了地方社会对文化统一的适应和能动性接受。根据统计分析的结果，王坡墓地的文化混杂现象是动态的，既反映了楚文化的延续，又体现了秦文化的影响和创新的本地化融合。这种文化混杂的现象表明，"秦墓"这一术语无法完全涵盖地方墓葬的复杂性。因此，作者提出应将"秦墓"这一考古学术语视为动态的历史过程，而非固定的分类单位。王坡墓地的研究表明，墓葬不仅是文化渗透的被动结果，更是地方社会通过物质文化表达身份和构建历史记忆的场所。"秦墓"实际上是多种文化互动的产物，既包含楚文化的延续，又包括对秦文化的适应和创新。地方社会并非中央的简单附庸，而是通过丧葬实践积极参与了文化的创造和传播。

作者通过对王坡墓地的量化分析，重新定义了地方社会在秦汉时期的文化角色。墓葬作为物质文化的载体，反映了楚、秦及汉文化的复杂互动。地方社会不仅是中央文化的接受者，而且通过丧葬实践展示了其独特的身份表达和文化创造能力。因此，作者提出我们应当更加关注地方文化的多样性及其与中央的互动，避免过度依赖文献记载或类型学分类。同时，我们也应更加注重量化分析方法，它可以帮助我们更好地揭示出文化互动的复杂过程。

（吴冬明　摘编）

去势之势

唐代的宦官、世族与政治繁衍

何弥夏

摘自：Michael Höckelmann, "Power Emasculated: Eunuchs, Great Clans and Political Reproduction under the Tang," *Tang Studies* 38, no. 1 (2020): 1–27。

西方学者对唐代宦官的研究一直有限，并且往往基于错误的假设，其中最值得注意的是：唐代宦官全部来自不识字的家庭。对于身份卑微的普通宦官来说可能如此，但那些更为显赫的宦官实际上往往来自官僚家庭。唐代后期，特别是从唐德宗在位到 903 年朱全忠屠杀宦官的 120 多年间，宦官控制了宫廷军队、京城宗教机构以及各地军队与政府。他们的权力支柱为"权阉四贵"：左右神策军护军中尉与两枢密使。宦官还将势力扩大至藩镇的官职，为监军使，由此就与地方政治精英建立了密切联系。此外，宦官还通过与军人家庭通婚以及收养子女来建立联盟，这在晚唐颇为常见。

宦官可以结婚并收养孩子，几乎所有的宦官墓志和碑文都证明了这一点。跟官僚家庭联姻并收养其子女是宦官巩固其政治地位的一种方式。宦官家庭收养子女似乎是整个宦官制度繁衍的一种方式，他们既可以补充宫中的队伍，又可以延续社会身份，甚至在某些情况下继承政治地位。唐朝是第一个有充分证据表明宦官家庭关系的朝代，通过当时的墓志和碑文，可以确认收养子女这一做法的普遍，至少在高级和中级宦官中是如此。作者何弥夏（Michael Höckelmann）编制了一个数据库，其中包含近 400 名唐代宦官（并且还在增加），他们要么拥有自己的墓志、碑文或传记，要么出现在别人的碑文或传记之中。其中大多数人都不见于正史，所以那些包含家庭背景、职业道路和生平事迹的墓志及碑文就提供了考察唐代宦官家族的难得材料。

古代早期的宦官来自惩罚性的宫刑，但到了唐代，阉割作为一种常规惩罚几乎消失了，大多数宦官都是通过自宫进入宫廷的，这意味着他们的家人自主选择了让他们服务于宫廷。历史学家过去往往认为唐朝的宦官大多来自尚未汉化的南方，但是这种说法缺乏依据，有学者业已指出，唐代后半期大多数高级宦官都来自北方。宦官通婚和收养的做法最初出现于何时虽难以悉知，但似乎是在东汉，这些做法真正通行了起来。唐律明确禁止收养不属于自己父系亲属的男孩，除非是3岁以下的弃婴，不过这在宦官群体中并未得到有效的执行，宦官的传记、墓志和碑文一再表明，他们收养了不止一个儿子和/或不止一个女儿。既然无法圆房，宦官为何想要拥有家庭，甚至接受规范的家庭价值观？我们可以在中国社会的父系结构中找到答案：没有子女的社会耻辱和无法维系中国传统家庭中祖先信仰的焦虑是如此严重，以至这相当于中国历史上其他时期奴隶的社会性死亡。没有男性后代意味着祖先血脉的断绝，因为死后没有人可以为自己举行祭祖仪式。即使是宦官也遵守其要求，这证明了中古中国男性性别认同的力量与稳定性。与此相应的是，宦官墓志并未明确表明墓主的"宦者"身份，仿佛他们是寻常的官员，并且其男性特质得到了有意的强调。整个墓志使用普遍的程式化表达，从上数3代写起，然后记述墓主的美德和事迹，列出他担任的职位，最后写上去世日期，正文以配偶和子女的名字收尾，并写明死者下葬的日期和场景，与通行墓志写法并没有差异。

就现实生活形态而言，唐代的高级宦官也搬出了宫墙，搬进了长安的宅邸。这样他们就从身体上与内宫分开，表现为一家之主，也为在社会层面过上家庭生活创造了物理空间。这表明，宦官希望在后人和同时代人面前表现出符合性别规范的男性形象，他们遵守孝道，"生下"男性后代，延

论文

- 017 -

续祖先的血脉。除此以外，宦官还利用婚姻和子女收养来与其他官僚家庭建立起联盟，同时也与自己的亲生家庭保持密切关系，这一点得到了墓志与碑文的支持。多数历史学家都忽视了宦官声称自己是大家族后裔的说法，有些历史学家则出于道德原因拒绝这种说法。实际上，鉴于官职稀缺导致的仕途瓶颈，安史之乱后，精英家庭很可能选择一个儿子或至少收养一个孤儿，送进宫里做宦官。许多第一代宦官的墓志表明他们是家中的幼子，不是主要的继承人。考虑到一些宦官享有很高地位，其他精英家庭同样认为他们是女儿的良配，可以提高自己的政治地位。最后，或许也是最重要的一点是，将名门后代纳入宦官队伍（如所谓"良胄入侍"）是8世纪末官方有意识地提高宦官整体素质之政策的一部分。

传统历史学家将宦官视为邪恶的存在，认为他们与少数直臣作对，并左右帝王、插手政事，最终会导致王朝的覆灭。这种传统认识加上材料的缺乏，致使人们长期以来对于唐代宦官的认识过于单一与抽象。以下3个8世纪与9世纪的宦官案例，利用墓志、碑文与传记，来探讨宦官的家庭关系。这3个案例分别为高力士、刘弘规与杨志廉，他们共同构成了唐代宦官主政时期宦官精英的横截面。除了结婚育子以外，最令人惊讶的发现之一是，这3个人都出身于官僚家庭，后两个人甚至来自中古中国的大家族。

案例1 高力士

高力士可以说是唐代最著名的宦官，不仅正史中有他的官方传记，当时的传说和逸事中对他也有所提及。他通常被视为唐代宦官的典型，尤其是他的南方出身，但实际上学者们并未完全认识到他这一案例的特殊性。在唐代，被阉割的男孩仍被作为"贡品"从南方送往皇宫，尽管规模可能并不大。高力士就属于这类情况。他原名冯元一，是北燕后裔，曾祖冯盎为唐初广韶等十八州总管，其后代逐为岭南的地方长官。后来冯氏被朝廷讨伐，冯元一则在被阉割后进献给了朝廷。武则天时期，他被宦官高延福

收为养子，并随其姓氏，因擅长射箭，故被冠以"力士"之名。根据碑文
和官方传记，高力士的生母是宿国猛公、隋朝将军麦铁杖的曾孙女。家道
衰落以后，高力士便与母亲失散。后来岭南节度使找到了她，并将她送往
长安。高力士对生母和养父高延福的妻子一样孝顺。高力士的内廷供职生
涯长达60年，历经7代统治，其间担任过一系列重要的职务。他之所以能
有如此长的活跃期，很可能要归功于其恩主唐玄宗的长期统治。像他这样
的宦官对某位皇帝的个人依赖在唐德宗时期告一段落，当时宦官的政治、
军事和行政角色变得更为制度化。高力士的后裔中至少有两人的墓志为人
所知，其中一个是宦官高克从，另一个是侍卫高可方。

案例2 刘弘规

关于唐代后期的著名宦官刘弘规的资料，首先是李德裕写的一篇神道
碑，其次是王琥写的一篇墓志。这两篇文字都笼统地提到了刘弘规来自彭
城刘氏，这是一个著名的家族。墓志按照惯例列出了刘弘规最后3代男性
祖先，他们都担任过非宦官的文职或军事职务。与有关高力士的材料不同，
刘弘规的神道碑和墓志均未表明他在任何阶段被收养过。墓志中提到的刘
英不是宦官，也许正是刘弘规在生物学和法律意义上的父亲。我们也许可
以推测，刘弘规来自彭城刘氏的一个支系，这一支系因军事制度的兴替而
失去了地位，于是到了8世纪末，就送一个男孩入宫当了宦官，这是一种
保留地位的方式。考古学家已发掘出刘弘规的两个孙子刘中礼和刘遵礼的
墓志，他们都是刘行深的养子。刘行深是刘弘规的次子，两人都是宦官，
亦自称彭城刘氏。唐懿宗时的史官刘瞻出自彭城刘氏，他撰写了刘遵礼的
墓志，这一事实呈现了一个大家族的高级成员情愿或不情愿地支持自称是
同一家族后裔的宦官的案例。即使刘遵礼是从彭城刘氏家族之外被收养的，
但显然其他精英成员愿意接受他所宣称的本家族血统。刘中礼有5个儿子，
其中至少4个是宫廷侍从；刘遵礼则有4个儿子，其中至少有两个是宦官。
这些情况呈现出了一个宦官家族的样态。

案例 3　杨志廉

　　杨志廉及其后代形成了 9 世纪最显赫的宦官家族之一。他是被内常侍杨延祚收养的，不过没有迹象表明他更改了原本姓氏。杨志廉有 7 个儿子，其中两个是宦官。一位名叫杨钦义，在文献中多次出现，他在唐文宗唐武宗的过渡中发挥了重要作用。考古学家还发掘了杨延祚和弘农杨氏志廉这一支另外两位后裔的墓志，其中一人是宦官，另一人是彭城刘氏宦官的妻子。后者的丈夫做过左神策军护军中尉和左街功德史，都是最高级别的宦官职位。他可能是宦官刘光琦的儿子、刘如珣的孙子，而刘如珣是明经学士。至于杨志廉的两个曾孙杨复恭和杨复光，他们在唐朝末年势力极大，正史皆有传记。这两个人也都是养子，而他们所收养的后代更令人瞩目。杨复光有数十名"假子"皆为地方军事长官，他很可能不是在这些人的孩童时代就把他们收养了，而是在他们成年以后才收养了他们。这种收养行为在当时非常普遍，尤其是在华北的军事精英中，属于一种建立庇护关系的方式。杨复恭的情况与之相类，他收养的儿子包括州刺史与诸道监军。这些证据表明，中古中国表示收养或寄养的词语（"养子"或"假子"），含义和用法并不单一，不仅包括作为法律术语的收养关系，还包括杨复恭和杨复光传记中出现的那种庇护人－被庇护人关系。正是唐代对于这种模糊性的容忍，促使宦官们采取策略，通过与其他家庭（包括宦官和非宦官家庭）建立起广泛的亲属关系网络，在相当长的时间内繁衍其社会和政治地位。

结语

　　本文介绍并分析了唐代宦官及其妻子的传记，主要有两种类型：唐代两部正史中的传统传记，以及墓志、神道碑等石刻资料。大多数宦官传记都没有提到阉割的事实或情况；在石刻资料中，通常只有提到主人公在宫中侍奉时才表明其宦官身份。这些纪念性作品的作者不遗余力地为宦官主人公构建符合性别规范的男性身份。除了强调其男性身份外，宦官石刻文最引人注目的特征是使用大家族的姓氏来称呼主人公。声称自身是某个大官僚世家的后裔对于宦官来说实际上和政治及军队精英中的其他群体一样普遍。

另一种可能性这里予以搁置了，即一个人可以通过被封贵族头衔来获得姓氏，从而获得大家族的地位。刘弘规和杨志廉的情况可能就是这样：刘弘规获得了彭城郡子爵的头衔，杨志廉被封为弘农郡男爵——这两个通过封爵被赐予的郡姓，彭城刘氏和弘农杨氏，最初都与他们本人的姓氏"刘"和"杨"有关。如果姓氏可以作为贵族头衔的一部分授予，那么我们确实必须重新思考晚唐的家族身份概念，因为它可能比迄今为止学者们所认为的还要更加流动和模糊。"收养"的概念也是如此，其作为中古中国的术语涵盖了广泛的实践，从合法收养继承人到建立庇护人－被庇护人关系。所以今后有必要进一步研究唐朝的收养、大家族和政治繁衍的实践。

对于晚唐宫廷中大族宦官的存在，还有另一种更合理的解释：为了提高宦官的整体素质，唐德宗向大族成员开放了宦官职位。当时进入官场的门槛已变得如此之高，而大族后裔的数量还在不断增长，因此一些家族分支决定通过这种方式将儿子送入宫廷，毕竟这同样是一种可以获得地位和影响力的有效方式。最后，彭城刘氏和弘农杨氏等大家族与宦官制度的联系或许可以解释这一制度的强大和韧性——它在 9 世纪经历了不止一次打击。同样地，这一制度在 9 世纪末 10 世纪初的迅速衰落，可能源于唐朝最后几十年间大家族与贵族的消失。

（杨朗　摘编）

论文

盛唐至晚唐的绘画诗

艾朗诺

摘自：Ronald Egan, "Poems on Painting from the High Tang to Later Tang Periods," *Early Medieval China* 27 (2021): 19–44。

　　题画诗或为某幅画作诗的做法早在唐代之前就已存在，但从唐代开始，绘画诗才发展成为得到普遍认可的诗歌品类。本文以时间顺序为重点，着眼于这类诗歌的写作方式从盛唐到晚唐所发生的微小却重要的转变。唐诗的一个重要品质在于其意象性，这通常指的是自然意象之属性。诗人在描绘自然意象时具有特殊的趣味性和复杂性，即使指向的对象是自然中的真实元素，例如树木、鸟类或山脉，意象也不是直接或简单的。每种自然意象都充满了文学联想，这些联想是在长期的历史实践中建立起来的。而当诗人所涉及的"自然"是由画家用笔墨创造出来的时候，他们就会运用某些额外的表现与意指方式。在这种时候，诗人不会忘记他"书写"的是一幅画，无论他多么努力地将图样视为"真实的"。图画中的自然对唐代诗人而言有着无穷的吸引力，他们的诗歌广泛探索了其存在和意义。

　　先看两首盛唐诗，李白的《当涂赵炎少府粉图山水歌》与杜甫的《奉观严郑公厅事岷山沱江画图十韵》。这两首诗虽然在很多方面不同，但也具有一些共同之处，后者有助于我们讨论盛唐绘画诗的常见特点。首先，这两首诗不一定是"题"在画上的。李白的诗是关于画作之"歌"，杜甫则表明了其诗是对"观看"画作的回应。其次，画家身份是模糊的。杜甫似乎不知画家是谁，他只是在朋友严武的厅事看到了这幅作品。而李白这首诗题中的"赵炎"，人们多认为即画家本人，但也可能存在与杜甫诗相似的情况，即赵炎只是壁画所在建筑的居住者，而不是画家。无论如何，由于这两首诗都没有明确的"题"的意图，也都没有确定画家的身份，诗与画之间就存在着一定程度的分离，而这在后来的绘画诗中并不常见。这两首诗的"观看"方式也显示出相似之处。李白诗中提到的山脉和其他地貌在现实世界中彼此相距甚远，但在诗中它们却仿佛在画中共同呈现，这乃是诗人的幻想。杜甫诗虽然一开始集中于蜀地山水，但后来提到玄圃山和洞庭湖这些蜀地之外的风景时，也陷入了同样的传统幻想。

这两首诗的另一个共同特点更加明显和普遍，那就是诗人对绘画场景的虚幻性的迷恋。这种迷恋在诗句中以不同的方式表现出来，但始终源于一个中心矛盾：画中图像令人信服的外观与诗人意识到其外观是一种幻觉之间的矛盾。这种矛盾可能涉及静态视觉图像，这些图像原本出现在自然界中，但由于被包含在了画里，所以可以在室内观察到；亦可能涉及动态图像，即本来在现实世界中是运动着的事物，在画中却是静止的；抑或涉及与人类感官知觉相关的自然元素，它们在画中失去了被感知到的效果；还可能涉及时间性的缺乏，以及通过"非自然"过程而被创造出来的自然形态。在这两首诗中，诗人一方面书写了这种矛盾，一方面也书写了真实自然的意象，这两种表现方式交替并行，相互补充与强化。不过，两首诗的结尾有所不同。李白似乎"拒绝"了他赞美的那幅画，坚持认为只有真实的山才能拯救个人。杜甫则对画中的山表达了更多的肯定：画作主人严武虽然暂时不能实现隐居山中的愿望，但他最终会实现，这幅画作为一种替代物，就是这种心志的见证。

实际上，并非所有盛唐的此类诗作都不关注画家本人。譬如杜甫《戏题王宰画山水图歌》就以描写画家王宰的诗句开头，并且在诗中强调了他作为画家的某种独立性，即只有在自己愿意的时候才会画画，不屈从于他人命令（"能事不受相促迫，王宰始肯留真迹"）。不过这首诗的主体部分仍然是那种将地理上相距遥远的山脉连在一起的幻想，只是在结尾简短地回到了画家王宰身上，赞扬其技巧高超。杜甫关于曹霸的诗更为集中地书写了画家本人，这些诗中不乏对其精湛技艺的着墨，也不乏对其献身精神的关注，读者甚至可以在描述山水或骏马雄健形象的诗句中发现杜甫对画家精神和视野的含蓄赞美。不过这些诗在探索画家的个性和其作品中所体现的品质之间的联系方面仍然相当谨慎或犹豫，远不像后来的诗人那样大胆地或坚持探索这种联系。

以上即盛唐绘画诗的典型写法。这种对待绘画的方式并没有随着盛唐的结束而终结，而尤其是以"歌"的形式，仍然在唐代后期延续着。譬如白居易作于杭州的《画竹歌》，其关键字就是"似"，全诗主要书写的是这幅画中的竹子与真实的竹子有多么相似——在看这幅画时，他几乎不知道自己看的不是真正的竹子。这首诗中的一个新元素是，诗人认为这些竹子自己以前曾见过，它们曾生长在特定的地方。当然，这只是用另一种方式来肯定画中图像的逼真性。与此相近的书写也见于元稹的《画松》。在公元8世纪后期和整个9世纪，除了对绘画的传统思维和书写方式仍然存在以外，绘画诗中也出现了新思维。这种新思维通常出现在较短的四行或八行诗中，而不是此前一个世纪占主导的长篇古体诗或歌诗中。诗人开始避免详细地描述绘画中包含的图像，早期诗歌中对绘画逼真性的兴奋感已基本消失。他们在诗歌中更可能将绘画简单地描述为艺术，而不是自然界中某种事物或生物的有效"幻觉"或表象。他们这样做的方式有很多。譬如可能会评论画家的训练，承认笔法和绘画的"意义"或"观念"间的区别，并指出两者的必要性。他们可能会评论同一幅画中不同类型的笔触，这在早期的诗歌中很少出现，甚至从未有过。他们有时会提出两个肯定会引起争议的问题：一幅画能否超越所描绘的自然界中的同类，比自然形态本身更有吸引力或更好地捕捉事物的本质？一幅画能否超越同一主题的诗歌？

此外，这些诗更善于将一幅画与一个特定的地方（通常是诗人自己熟悉的地方）联系起来，从而不再声言一幅画"结合"了地理上相距遥远的山脉。接下来的讨论将大部分 9 世纪的诗歌创新归为 4 大主题类别：绘画对观者或其直接背景的影响；画家与其艺术创作；绘画与诗歌的相对优点；绘画图像与其在世界中对应的"真实事物"间的关系。

绘画对观者的影响

我们先从 8 世纪末期僧人皎然观赏王维山水画时所写的一首诗中的一副对句开始："丹青变化不可寻，翻空作有移人心。"如此坦率地承认绘画所取得成就的神秘性和讽刺性，即某种"无中生有"的东西能对观者产生如此强大的影响，实属罕见。"移人"的本义是指女人对男人的诱惑力，可使他们忽视自己的道德原则，因此绝对是不祥之兆。皎然可能有意让这句诗保留一丝这种不祥的语气，以便更好地强调这幅画对观者的影响是多么不可抗拒：观者无力阻止自己的心灵被它改变。诗人们认为，绘画的魅力之一在于其所捕捉的可能不仅是自然界中某个物体的表象或是与某个物体的相似之处。好的绘画不仅包含"形"，还包含所描绘对象的"神"。这种观念由来已久，最早应用于人像画。逐渐地，绘画应捕捉对象的精神或活力的信念延伸到了无生命的事物，例如风景。诗人方干在诗歌中对绘画的思考极其敏锐，富有创新精神，他在诸多诗歌中就绘画的表现潜能表达了自己的理想，即唤起一种超出画笔所能明确呈现出来的感官要素，譬如他的"画石画松无两般，犹嫌瀑布画声难"，以及"转扇惊波连岸动，回灯落日向山明"。早在此前的盛唐诗歌中，诗人们就经常声称自己能够感受到画中场景所引起的感官现象，而到了此时，他们更进一步声称画中的现象甚至影响了画作本身所处房间中的事物，譬如 9 世纪末李洞《观水墨障子》中的"挂衣岚气湿，梦枕浪头春"。

画家与其艺术创作

与盛唐时期的诗歌相比，"画家与其艺术创作"这一主题在唐代后期诗歌中受到的关注要多得多，诗人们对与艺术创作的复杂性有关的一系列问题明显更感兴趣。在此之前，诗人们探索的恒久问题是绘画作为自然的表现，而现在他们更倾向于将绘画描述为艺术家性格、训练、思维或技术技能的投射——他们看到了不同的东西。在他们的笔下，画家在绘画时类似于造化者、造物者，这种造化之力的概念往往不仅用于描述画家的创作行为，还用于描述其完成这一行为的超凡技巧和效果——画家所取得的成就超出了人类的技能或理解范围。

首先，时间成为一个关注的重点，包括画家掌握艺术技能所需的时间，以及规划一幅特定画作的制作所需的时间。特别是后者，提示人们要注意到画家作品中所蕴含的深思熟虑。其次，诗人们将"立意"与"笔法"视为相关的一对。有时两者相辅相成，都必不可少；有时两者又相互竞争，争夺主导地位。最后，特别值得注意的是，诗人们开始主张绘画可以体现艺术家本人的内在，这种观念借用了文学的表达。譬如张祜对王维画作的评价："精华在笔端，咫尺匠心难。""精华"与"匠心"在过去是诗文评论的通行词语。李群玉所写的"片石长松倚素楹，儵然云壑见高情"的诗句中，画家张璪笔下的山石和松树显示出他对自然的热爱，而他的这种热爱本身体现出个人的"高尚情怀"，体现出其内在品质和价值观。

绘画与自然的关系

如前文所言，绘画与自然的关系是盛唐诗人关注的首要问题。一般来说，他们对绘画所呈现的自然形象的幻觉很感兴趣，并不断以各种方式进行描写。此类观察延续至唐代后期的诗歌中，并往往有进一步的跨越：诗人们会以各种方式提出绘画形象实际上与自然事物一样好，甚至在某种意义上还要更好。例如齐己关于一幅鹭鸶画的诗句："曾向沧江看不真，却因图画见精神。"这几乎等于说，画中的鹭鸶比自然界中所看到的"更真实"，这就违背了自然的生物总是优于人造复制品的原则。也有其他诗人从另外的角度提出绘画比自然事物更好，那就是它们存在的时间更为持久。

这类诗中还存在着另一种倾向，即唤起人们对绘画的一种特殊存在性的关注，即它们存在于所描绘的自然世界与自身实际上所属的人造世界之间。这些绘画作品画得如此完美，以至于它们实际上悬置在这两个世界之间，不完全属于任何一个世界，因为它们的每一个可以被归于其中一个世界的方面，都有一个与之相竞争和矛盾的方面，可以被归于另一个世界。例如方干有关画竹的诗句："向月本无影，临风疑有声。"画中的这根竹子缺少了真竹具有的特性——"无"，即投射阴影的能力。同时，它似乎又拥有或产生了画作所不具备的特性——"有"，即发出声音的能力。"无"和"有"的对立能引起人们对这两种特性的对立方面的关注，而这也正是诗人选择强调的。

两种艺术的关系

鉴于如此之多的诗都是关于画作的，甚至是题在画上的，这两种艺术形式在唐代很少被明确地比较就令人惊讶了。为何如此？最简单的解释是，这两种艺术的地位在当时仍然相差巨大，因此人们还不常把它们联系起来，也不常认为它们是可以互换的。少有的例子中，一个来自张祜写王维："料得昔人意，平生诗思残。"在这里，诗歌与诗意是王维生命中最重要的特征，而绘画只是他文学艺术的一个"残余"。另一个例子来自郑谷："属兴同吟咏，成功更琢磨。爱予风雪句，幽绝写渔蓑。"这里对绘画的评价高于诗。郑谷欣赏画家在将诗转化为画时对诗歌内容的修改，对这种对于诗作的视觉再现表达了赞赏：他所写下的又由另一种艺术形式以自己的方式得到了刻画。

结语

本文讨论了主要写于 9 世纪的绘画诗，并将它们对绘画的处理与前一个世纪尤其是盛唐时期最为著名的一些诗人对绘画的处理进行了对比。从一个时期到下一个时期的转变并不是绝对的，不难发现唐代后期的诗人继续像盛唐诗人那样对待这个主题。不过随着时间进入 8 世纪后期，尤其是 9 世纪，诗人们开始探索思考绘画的新方式，这些方式反映了一种冲动，超越了早期的认识——绘画本质上是自然形态的一种近似物，或是对自然形态的提示。无论这些诗人关注的是绘画对观者的影响、画家与其艺术创作的关系、绘画相对于自然的优越性，还是绘画与诗歌的关系，他们都更倾向于将绘画视为一种艺术表达形式，其价值和兴趣并不由其模仿性所决定。

值得注意的是，这个过程中所涉及的人（艺术家和诗人）的社会地位似有不同，而且两者之间也出现了新的密切关系。许多被这个主题吸引的 9 世纪诗人是小诗人，其中一些是佛教僧侣或从未进入官场的人，没有达到全国知名的水平。同样，画家往往不是宫廷画家，而是相对默默无闻的，甚至是无名之辈。此外，从诗歌中可以看出，两者往往是朋友，或至少是同一个圈子里的人。画家和诗人更隐晦的社会背景与他们之间更密切的个人关系很可能与本文的论题存在着实质的关联，值得进一步研究，虽然其影响程度不易评估。不过，目前我们就能看到，对于绘画的新颖的诗意处理、诗人和画家的新地位，以及他们之间新的亲密关系，在许多方面预示了 11 世纪两种艺术关系的进一步发展，而这种关系被证明是当时形成的"文人画"传统所必要的社会、美学及思想构成。

（杨朗　摘编）

宋代的艺术史艺术

《陶渊明归隐图》中的使事与历史主义

包华石

摘自：Martin Powers, "The Art-Historical Art of Song China: Citation and Historicism in Tao Yuanming Returning to Seclusion," *Ars Orientalis* 49 (2019): 22–41。

艺术家从师傅处习得某种风格，并持续以这一风格进行创作，再将其传给自己的弟子，这是各类文化中的常见现象。在拥有艺术史文本和大师经典的文化传统中，艺术家可能会有意识地效法某个被视作"百代标程"的大师。在缺乏既存经典的文化传统（例如中世纪宗教画和宋代之前的中国宗教画）中，不同时期的风格元素在同一幅作品中的并置，并非出自对风格历史性的标举，而是源自对艺术史的漠然。在一些宋代画作中，我们也能看到同样的现象，但其背后的原因与中世纪宗教画截然不同，宋代不仅存在经典体系与关于风格发展的文献记载，而且时人明确知晓自然主义标志着绘画风格的显著进步。早在唐末，张彦远就认识到空间结构准确性方面的演进体现了艺术风格的发展。宋代评论家通常将李成看作这一风格演化过程中的关键人物。郭若虚认为，李成之后的山水较之此前的山水更为进步，而随着时间的推移，山水空间结构的表现水准逐渐提升，并在宋代达到巅峰。这样一来，此前的所有风格都在一定程度上成为过时之物。然而，我们却在北宋文人绘画中看到了过时风格与自然主义风格的并置。与年代更早的宗教画不同，这些作品的产生以两类文本理论为基础：使事（亦作"用事"）理论与全新的社会发展历史主义理论。

宋代的历史主义历史观

李弘祺（Thomas H. C. Lee）注意到，宋代的历史写作有一种新的"年代误植"观念，"宋人极为关心自身在中国历史以及人类历史上的地位，这种现象极为特别。这种关注创造性地催生出了大量历史话语"。此外，由于印刷文化的发明，这些新的历史话语又在文人群体之间大规模传播。

包弼德（Peter K. Bol）认为，宋代政治家不再将过去视作提供范式的储藏室，而是将其视作可以推导出政治基本原理的一个时期或一组文本。这种历史观念可以追溯到以柳宗元为代表的晚唐古文家。柳宗元否定了封建由圣王发明的理论，并强调历史由"势之来"所驱动，这意味着由于资源有限，人类为了生存，必须根据实际情况作出社会和制度方面的调整。他不再将某个特定时代的社会视为值得效法的精英社会。

北宋的知名文人极为崇拜晚唐古文家，其中许多人成为古文运动的传人。苏轼认为，晚唐是中国知识分子从黑暗中苏醒的岁月，中国历史上的黑暗期始于汉末，终于唐末，这种衰颓与非理性哲学（特别是宗教）的兴起有关："（韩愈）文起八代之衰，而道济天下之溺；忠犯人主之怒，而勇夺三军之帅。此岂非参天地，关盛衰，浩然而独存者乎？""盛衰"二字便意味着历史主义历史观，历代盛衰源自其确立的政治、社会体制。对苏轼这样的古文家而言，利用事实和知识来改善社会是求知的正确方法。沈括、魏庆之都表达过类似的看法，这样的例证还有很多。

宋人知晓同代艺术家能够更准确地表现绘画元素，同样知晓自己生活在一个更为理性的时代。他们以史实而不是宗教教条为依据来论证，出发点是为了公共利益而不是保护特权。毫无疑问，宋代的体制绝非完美，这些政治家熟知它的缺陷，因此他们致力于改善不公。正如欧阳修对科举改革的评论一样，宋代知识分子认为宋代在政治制度方面超越了前代，他们对艺术领域的看法与之相同：前代不再是值得盲目模仿的榜样。从宋代文人作品中发展而来的使事理论在很大程度上证明了这一点。

使事理论与实践

宋代知识分子似乎深受"影响焦虑"（anxiety of influence）的困扰，而使事理论可以解决这一难题。到了 11 世纪，"仿"已经具有了负面含义，就连画院画家也效法文人价值取向，认为那些无须模仿经典大师的画家才是顶尖艺术家。与"仿"相较，"使事"的自主性更强，但不同使事的创造性程度亦有所不同。任何人都能引述前代诗人的原文，但"反用"才是确立自身权威的更好方式。借由"反用"，作者能够颠覆前人词句原本的使用方式，并将文本层面的往昔以新的方式融入当代文本。

北宋文人往往强调诗画一律，《宣和画谱》在评论李公麟的作品时指出了苏轼圈子中诗画同源这一概念的实质："（李公麟）盖深得杜甫作诗体制而移于画。"此书作者举了众多例子来阐释杜甫、李公麟对往昔的巧妙利用。因此，我们能在文人画中发现文学使事或艺术史使事的例子并不奇怪。问题的关键在于这些使事的表现形式。美国弗利尔美术馆藏（传）李公麟的《陶渊明归隐图》是使事的典型例证，对于此画的图像学内容学界已多有关注，因此本文只强调它高度自觉的艺术史使事手法。

画家在这幅 5 米多长的画卷上以唐代之前、唐代和宋代大师的风格表现了空间结构、山水和人物。此画的某些风格元素能够指向某个具体的画家，但这种征引缺乏固定的章法。例如，5 世纪的人物风格出现在 8 世纪典型的山水风格背景之中，8 世纪的云出现在 11 世纪的山水里。我们在李成、范宽、许道宁等自然主义风格山水大师那里看不到这样的情况，这是因为自然主义风格致力于塑造一个有序的空间表现系统。上述画家的作品都有整齐划一的地平线，而《陶渊明归隐图》则几乎没有地平线，在某些存在地平线的场景中，地平线也显得毫无条理可言，仿佛画家将地平线的使用也视作借用艺术史历史风格的标志。

第一处风格并置出现在第一个场景中，画中的陶渊明以顾恺之画风来表现。根据《宣和画谱》的说法，李公麟"始画学顾、陆与僧繇、道玄及前世名手佳本，至磅礴胸臆者甚富，乃集众所善，以为己有，更自立意，专为一家，若不蹈袭前人，而实阴法其要"。因此，不同时代大师的风格元素会出现在他的画中不足为奇，此外，这些风格在他笔下的表现形式与前人并不相同，这与前文提到的"反用"相类似。这一部分的船、水和自然环境用的是宋代风格。用顾恺之风格表现的陶渊明在全卷末尾再次出现，而在画卷的其他部分中，陶渊明的表现形式更接近自然主义风格。

在第八个场景（图1）中，陶渊明与邻居好友一同饮酒，他们身处的建筑空间呈平直状，这一建筑还拥有一个梯形屋顶，篱笆和院子则具有高度的纵深感。这两种空间表现手法都是历史风格的标志，从汉末到5世纪，绘画中的人物往往位于由两根柱子和一个三角形（梯形）屋顶合围的空间之中，观者的视角不是笔直的就是略微倾斜的。我们在6世纪之后的绘画中看不到这样稚拙的空间表现手法。从此卷其他部分的空间结构来看，这种处理手法必然出自画家的主动选择，而不是出于技法层面的无能。

图1　（传）李公麟：《陶渊明归隐图》（12世纪）局部，绢本设色，美国弗利尔美术馆

在第十个场景（图 2）中，画面空间以近 80 度角的方式呈现。鉴于宋代批评家将"平远"和空间深度视作宋代绘画区别于前代绘画的突出特点，这种空间表现手法显得极为大胆。刘道醇指出："观山水者尚平远旷荡。"在他看来，平远与空间深度密不可分。"平远"指的是利用蜿蜒的溪流或小径来逐渐引导视线，这是这一结论得以成立的前提。这种构图方式出现在所有现存李成传派的作品之中。而李公麟的独特成就之一便是明确拒绝上述成就。正如韩文彬（Robert E. Harrist Jr.）所论："李公麟似乎有意忽视中国山水画家艰难习得的自然主义表现手法，而是青睐一种由他本人开创的非正统图像语言。"

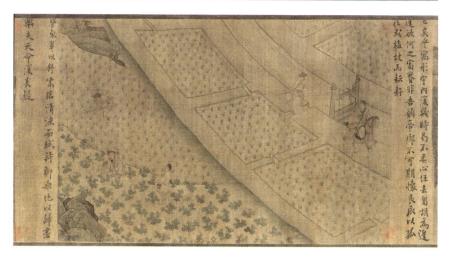

图 2　（传）李公麟：《陶渊明归隐图》（12 世纪）局部，绢本设色，美国弗利尔美术馆

在《陶渊明归隐图》中，画家反复强调自己相对于陈例的独立性：他并没有完全依照《归去来兮辞》进行创作，画中存在大量原文没有提及的细节。此画创作于北宋末年，它极有可能受到了苏轼《和陶归去来兮辞》的启发，而这首作品本以苏轼揭露王安石新法伤农为创作背景，因此这幅画页具有一定的政治意涵。画家对宋人空间表现技法的否定便

与这一点有关。

除了使事传统以外，宋人的博雅传统同样有助于我们理解这幅作品。宋人认为，知识的不同枝蔓彼此相连，综合才是实现真知的方式。这种综合性正是《陶渊明归隐图》的作者想要表现的东西，他向我们展示了自己对不同时代文学史、艺术史的了解，还展现了这些知识之间的联系。他稚拙地并置不同时代风格的举动恰恰是为了告诉我们，他并不受任何一种风格的束缚。以最后一个场景（图 3）为例：首先，他再次以顾恺之风格来表现陶渊明；其次，陶渊明在这一场景中出现了两次，我们将这种手法称作"连续叙事"，它是前代的常用手法，但在宋代绘画中极为罕见。

图 3　（传）李公麟：《陶渊明归隐图》（12 世纪）局部，绢本设色，美国弗利尔美术馆

上述例子表明，画家利用使事来强调自身对《归去来兮辞》的介入。对他而言，《归去来兮辞》并非用来图解的文本，而是用以即兴创作的基础。他在最后一个场景中还用到了白居易的《适意二首》，画中有一棵盘曲的枯树和一片浮云。诗中有这样的句子："蟠木用难施，浮云心易遂。"这又将此画与《庄子》中的记载联系到了一起。

《陶渊明归隐图》是文人画中采用使事的典型例子，但它绝非孤证——

赵令穰的《湖庄清夏图》同样借鉴了杜甫的诗作。我们对北宋绘画中这一做法的探索才刚刚起步。

（郑涛　摘编）

论文

"杀死通奸者"

17 世纪中国男性的复仇幻想

赵梦蝶

摘自：Mengdie Zhao, " 'Killing the Adulterer': Masculine Revenge Fantasies in Seventeenth-Century China," *Late Imperial China* 43, no. 2 (2022): 1–42。

文章主要以杀死通奸者相关案例为中心，分析明清时期中国官员和文人们如何通过此类案件构建性别规范。

这种建构主要体现在官员们对丈夫杀死通奸男女的鼓励。官员们往往将惩罚不忠的妻子和处死其放荡情人的丈夫描述为英雄，赞扬他们这种行为的光荣、勇敢，及其作为男性对社会道德标准的积极影响。令人震惊的是，官员们一再强调，丈夫应该在捉奸现场杀死通奸者，这样才能维护男子气概和恢复家庭荣誉，如果没有在捉奸现场采取这种行动，那么他将面临严厉谴责，甚至是轻微惩罚。当被戴绿帽的丈夫不符合有罪不罚的情况时，官员们甚至会操纵法律或完全牺牲法律以对他们宽大处理。所有这些举措指向的是，明清时期的官员们认为，不管具体情况如何，通奸的男女都应被杀，这关乎男性的阳刚之气。这种叙事往往用丈夫的义愤填膺来包装预谋已久的谋杀意图。

法律的此种建构同时意味着官员们的实际行为与正式法律规定之间存在诸多差异。从对通奸杀人案件的处理可以看出，官员们不仅灵活运用法律规定，还将贞节和阳刚理想作为判刑理由。根据法规，官员们有权自行处理那些轻微案件，这就使得他们能够通过操纵法律以达成符合自己同情心的判决结果。这种鼓励杀死通奸者的做法，到了盛清时期又以法律编纂的方式获得了强化，法律积极构建一种勇敢的男子气概。值得一提的是，有权杀死通奸者的人仅限于通奸女性的丈夫，而不是大家庭中的所有成员。

　　问题在于，法律的这种建构往往将复杂案件模式化。对丈夫而言，虽然法律鼓励，不过要杀死通奸的妻子仍然是很有压力的事，而小说中虚构的法律文书与 17 世纪的实际判决之间的互文性，显示出那种标准化的司法语言的广泛影响，比如，明末著名的小说家余象斗在小说中就描述了丈夫对婚姻的失败和残酷的杀戮所应担负的责任。但是，无论是小说中那些虚构的法律文书，还是 17 世纪的实际判决，都掩盖了这些细节，所涉及的事件都被纳入既定法律框架进行描述。而当时流行的一些故事之所以能在商业上取得成功，正是因为它们提供了那些被统治精英们在上述叙事中所刻意排除的东西：妻子出轨前的夫妻关系、情人的心理，以及丈夫的杀人准备。这些故事不仅是为了娱乐，它们还提出了另一种道德观点，那就是，它们鼓励读者质疑上述那种严苛的叙事模式，显然，其过度美化了那些杀死妻子的丈夫。

（赵刘洋　摘编）

17 世纪中国绘画、理论与批评中的当下性

陶幽庭

摘自：Katharine Burnett, "Contemporaneity in Seventeenth-Century Chinese Painting, Theory and Criticism," *Ming Studies* 88 (2023): 3–33。

一种观念认为中国绘画的内容与风格是长期不变的，永远是重复性的，其中一个立足点即在于讨论创造性模仿早期艺术家的风格和成就的绘画时一直使用"模仿"和"复制"这两个术语。可实际上，当我们细致审视艺术、理论和批评，尤其是 17 世纪的水墨艺术时，就会挑战这一观念。本文将重点关注"时"这一概念，并展示其如何影响了 17 世纪不断拓展的绘画经典。正如"拙"与"古意"之于元代，"时"与"奇"在晚明成为关键的艺术理论词语。

虽然当代学者不太可能接受绝对经典的概念，但中国绘画的艺术史文本却普遍推崇这一概念。许多学者将中国画的经典等同于政教精英的艺术规定，并普遍认为董其昌也属于这一典范。董其昌的历史地位毋庸置疑，但他本人所重视的观点和现代学者所接受的他的观点之间似乎存在着分歧。着眼于此，本文将其锚定在当时的概念上，以更进一步地展开探讨。作者认为，对（文人）经典内容的偏见影响了我们对 17 世纪艺术的解读，从而有损我们对当时材料的理解。由于董其昌及其支持者主导了这一时期，分析他的思想以及考察何者被接受为董氏之经典，可以帮助我们更深入地理解和欣赏这一艺术。

众所周知，17 世纪的绘画别具特色，但仍有必要指出，（文人）经典作品的多样性远超我们目前的定义。我们的艺术史观长期以来受到南北宗理论的影响，但这一理论（尤其经过清人的滤镜之后）实则过于保守，狭隘化了董其昌的思想，忽视了晚明其他更为广泛的理论和实践。一方面，17 世纪绘画的品质为它们赢得了"古怪"或"个人主义"的名称，它们并不严格遵循所谓的"文人"模式；另一方面，董其昌及其团体的艺术被认为是更"保守"的"文人艺术"，那么董氏本应当对于各种新奇的艺术模式和方法视而不见，可是他偏又获得了"集大成"的名号。这两种认知都忽略了大量 17 世纪的美学理论和批评，人们无法设想一种全面的方式，将多种绘画模式整合成一部有意义且包容性强的历史。但如果我们接受原创性话语在长时段意义上的 17 世纪（从 1570 年左右到 1720 年左右）具有文化普遍性，就有可能获得新的见解。

先前的解释

尽管许多艺术史学家都持有一种世纪末的论点，即明朝官僚制度的衰败始于 16 世纪末，这是 17 世纪绘画风格怪异的原因之一，但作者曾经提出反驳，指出这种说法大多基于历史谬误。有的研究支持了这一历史分析，认为与之前不太稳定的明朝中期相比，万历年间的政治稳定性略有恢复，而晚明政治和经济的稳定有必要得到正视。因此，认为 17 世纪绘画发生的变化完全取决于无效的明朝政府，难以令人信服。另一些人则认为，17 世纪中国绘画中明显的非典型形式元素是受到了耶稣会士传入中国的欧洲印刷品的影响。但实际上，人们也一直在讨论，这种所谓的影响在晚明不太可能存在。同样地，由于一些以非常独特的方式绘画的清初画家已被证明是清朝而非明朝的同情者，所以我们也不能断定 17 世纪后半叶的新艺术完全或主要是为了抗议清朝而创作的。

社会经济语境

晚明社会经济结构随着社会和文化价值观的变化而发生变化，影响了视觉艺术的生产和消费。许多人已经指出，尽管此时明朝官僚机构正蹒跚着走向终点，但明朝的经济至少从 16 世纪初开始就变得越来越强大，并持续到了 17 世纪的大部分时间。社会经济结构中最重要的变化是金钱和财富概念的转变。传统的儒家道德认为金钱是一种庸俗的必需品，但到了长时段意义上的 17 世纪，金钱的概念有了积极的价值，几乎被每个阶层的艺术爱好者公开讨论和炫耀。底层商人家庭受教育程度越来越高，而顶层士大夫家庭则扩大了对商业活动的参与。强大的地区间贸易、移民和旅行伴随着地区专业化。随着非农业劳动力变得更加专业化，工资也随之增加。专业化经济施加影响的同时，也受到时尚、饮食、娱乐以及奢华宗教节日的影响。文化理想被传达给社会中越来越广泛的阶层，社会文化水平的提高要求更快地进行大规模的书籍生产。于是白话文学和戏剧的需求大量增加，李贽和袁宏道等人则鼓励了这些文化产品的生产，他们主张对文学经典进行同情性的修改。与此相应地，培育文学新发展的环境同样催生了漫长的 17 世纪中视觉艺术拒绝墨守成规的创新。

思想文化语境

公安派作家和诗人成为 17 世纪初最杰出的文学理论家群体，其思想在整个 17 世纪的文化中都盛行不衰。作者认为，公安派思想也是晚明视觉艺术理论家和评论家的理论基础。实际上，公安派运动并不局限于最高社会阶层，而是蔓延到了所有阶层。在文人士大夫将理想通过知识精英传播的同时，这些理想也通过公开演讲和戏曲表演传播给了普通民众。因此，即便视觉艺术家可能不是原始公安派的参与成员，但他们仍然是这个更大的受其影响的群体的成员。公安派成员重视当下与新事物，并认识到了风格的周期性。在重视新事物的同时，公安派批评家还提倡文人自发的自我表达，他们承认前代大师的重要性，同时也强调个性。公安派的一系列文学理想，包括当下、新颖、差异、通俗，都在 17 世纪的视觉艺术和理论中得到了表达。

当下："时"

17 世纪的批评家认为，新意源自对当前情状的反应。同时他们也明白，差异需要对于过去的意识才能有意义。新意和差异与既定的经典之间存在着张力和平衡，它们既表示着变化，也暗示着对连续性的意识。"时"的概念，字面意思是"时间"，但在上下文中可以被理解为"及时"、"同时代性"或"当下"，也可以翻译为"时尚"和"时髦"。袁宏道清楚地表明了当下性的至关重要，他用大胆创新和变革来定义当下性。他也意识到，批判价值在每个时期都会重新确立，在反对模仿的同时，他还观察到，随着品味和价值观的变化，在某个时期被认为是美或丑的东西，在另一个时期则可能被视为相反。正如袁宏道早先呼吁文学中的表达当下一样，明末清初的画家石涛也恳请画家表达他们自己的关切，并进而表达他们对于自己所处时代的关切。

新颖与差异

一个艺术家如果不能创作出一些在当下新颖的且有别于过去的作品，就不能成为他自己所处时代的艺术家。就视觉艺术而言，同为公安派理论家的董其昌撰文论述了 14 世纪伟大文人画家倪瓒的绘画作品中"新"的重要性。与公安派文学理论家一样，董其昌呼吁在绘画中创新和自我表达。如果倪瓒可以继承前人的传统，那么为什么董其昌就不能呢？倪瓒通过体味前代作品创造了新的构图，董其昌则希望他的观者能够从倪瓒等伟大画家的创作方法中汲取自由的教训，将其运用于自己的艺术创作。董其昌甚至认为，正是差异和极端的差异，使得王羲之的书法出类拔萃。他认为，当伟大的艺术家做一些超越既定规范的事情时，他们的作品会显得与众不同，甚至很奇怪。然而，由于这种与众不同的品质在审美上仍然很有趣，他们的作品就成了其他人试图效仿的标准。另一位艺术理论家龚贤也有类似的表达。他们的这些文本表明，文学批评中明确阐述的当下、新颖和差异的美学理想在视觉形式中得到了主流理论家的明确表达。

绘画经典之拓展

这种强烈培育当下性、新颖性和差异性的文化也让艺术家们得以自由探索和发展原创的技巧和构图。由于新颖性和差异性最明显地体现在与过去既定方法的对比中，17 世纪的艺术家经常在早期重要艺术家的技巧或构图的基础上即兴发挥，并找到挑战既定表现规范的方法。这并不是说这些艺术家只是延续了过去的模式，因为仔细观察就会发现他们的新贡献。这也不是一种仿古冲动，因为尽管 17 世纪的评论家经常赞扬过去的艺术大师，或指出研究他们的作品和方法的重要性，或在他们的新作品中引用过去的模式，这一时期的艺术批评却并没有讨论"复古"和"古意"，而这些概念曾主导着早期的文人画话语。虽然元代以来，许多与"风骨"、"古意"和"拙"有关的风格元素在 17 世纪的文人画中得到了传承，但与这些风格相关的价值观已被其他更为流行的理想所取代了。

正如公安派理论家重新定义了文学类别并拓展了经典，17 世纪的视觉艺术理论家也重新定义了艺术中什么是理想的，并拓展了（文人）绘画经典。越来越明显的是，在 17 世纪，不止一种经典在产生着作用。不过这里也许还存在着一种社会学机制，亦即审美价值观正如社会价值观，可能是衡量过相对的个人优势和风险之后的结果。如同一些文学研究者所分析的，公安派白话文理论是为了挫败新文化运动的社会流动性，我们或许可以合理推测，将所谓的学院派/专业派（或"大众""白话"）绘画模式纳入文人精英的创作，是为了阻碍那些认为只要获得和展示文人风格艺术就能确保一种特权社会地位的人。

16 世纪绘画潮流

　　要理解 17 世纪批评家认为什么是当下的、新颖的和富于差异的，简要回顾一下 16 世纪的重要趋势会很有帮助。明中期绘画有两种主要的风格谱系：一种是与早期文人艺术家密切相关的吴门画派，另一种是培养早期专业和宫廷风格的职业画师。17 世纪的评论家普遍认为，明中期画家并没有挑战过去伟大画家的模式，而是更愿意进一步发展它们。

17 世纪绘画中当下、新颖、差异理想的体现

　　17 世纪的视觉艺术家以前所未有的方式表达了当下、新颖与差异。这些 17 世纪价值观存在于笔法、形式表现和构图组织中。换言之，绘画中所有的形式元素和方法都可以无成见地得到探索和评论。譬如色彩一直是风格谱系和阶级地位的重要标志。单色风景画以及色调柔和的风景画一直是知识分子和政治精英画家的专长，而使用浓重矿物色创作的风景画则被认为是职业画家的专属。但在 17 世纪，董其昌等其他大胆的画家挑战了这一标准，在作品中运用了浓重的色彩，他创作的《燕吴八景图》参考了 6 世纪画家张僧繇的作品，其画作正以色彩华丽为主要特征。又如风景和人物虽则仍然是表现形式的主流，但艺术家们颠覆了人们对形式表现的期望，创造了令人惊讶的效果。在《山阴道上图》中，董其昌的朋友吴彬先是确立了山的正常形态，然后让它与出乎人们意料的形态形成对比。他按照正常的表现方法描绘了一座山：山峰位于顶部，且整座山被沉沉地安放在宽阔的支撑基底之上。然而，在同一卷轴的其他地方，他完全颠覆了人们的预期，将山峰置于山脉中间，并上下颠倒。构图的情况也与之相类，以山体为中心的大胆构图曾经是一种被接受的构图类型，在消失近 600 年后，于 17 世纪被重新引入。吴彬的《千岩万壑图》中明显存在许多表现形式的

扭曲，其中之一就是山本身。人们认为山是伟大、稳定、永恒、沉重和坚固的象征，就像范宽的《溪山行旅图》中所表现的那样，但吴彬创造出一种几乎没有重量的形式，让观者感到惊讶。他直面现实，质疑山岳永恒不变的观念，也质疑那些将山岳作为自身伟大隐喻的人。虽然这些元素是以传统文人笔法和类型形式呈现的，但通过重新引入曾经流行的构图类型，并响应着公安派的通俗和白话价值观，吴彬刻意将神圣与世俗混合在一起，融合了知识精英和悠久的专业/宫廷画家的传统。这些品质并非几个人的几幅画作所独有的，而是 17 世纪艺术家们共同探索的元素。由于许多画家也是在美学理论和批评中提倡当下、新颖和与众不同的评论家，因此，这些特征正是时代价值观的有意表达。

当下的艺术与"集大成"

那么，这些宣扬新颖、差异和当下性的特质与董其昌众所周知的"集大成"古代大师的主张有何关系？实际上，正如袁宏道等人通过支持那个时代主流范围之外的作家开拓了 16 世纪有限的文学经典一样，董其昌等人将绘画经典拓展到了被普遍接受的精英规范之外。在综合前人贡献的过程中，董其昌及其同道者将过去的绘画新颖化了，由于他所欣赏的许多画家显然不为通常的文人画家群体所接受，因此在文人绘画的传统中，这是新颖而富于差异的。此外，正如董其昌自己所阐述的，通过将所有这些不同风格结合在一起，真正有才华的艺术家将被推动去进行个人创新。董其昌敦促画家们研究和运用过往重要艺术家对于绘画的形式和技术贡献，而这些艺术家在两个不同的、有时相互对立的流派中工作：克制、抽象和坚忍的文人模式，以及与宫廷和职业画家相关的更自然、大胆、华丽的方法。值得注意的是，董并没有将文人风格模式置于职业风格之上，而是承认每种传统都为富有创造力的画家提供了资源。要而言之，他认为当下的艺术家将带来更大的艺术传统的变化，因为就像公安派作家一样，他们充分地了解过往。

正如文学理论家鼓励作家研究狭隘的古典经典之外的多种模式，董其昌及其追随者将公安派理想应用于视觉艺术，并拓展了精英风格绘画的经典。研究者们迄今为止似乎误解了这位艺术评论家的真正目的，但 17 世纪那些最具活力的艺术家真正地理解并参与了董氏的号召。根据当下、新颖和差异的时代理想，他们以自己独特的方式来创作艺术品。通过融合无数风格谱系并创造新形式，这些艺术家既挑战了现状，又拓展了经典，从而创造了一种当下的艺术。

（杨朗　摘编）

清代邸报的发行与流通

侧窥清朝的中央情报传播

殷晴

摘 自：殷晴：《清代における邸報の発行と流通：清朝中央情報の伝播の一側面》，《史学雑誌》第 127 编第 12 号（2018）。

毋庸置疑，在近代新式官报未及诞生之前，中国早已形成了一套完整严密且体系化的官方信息传播机制。其中广为大众所熟知的，莫过于"邸报"。这一名词的出现和流行最早或可追溯至宋代，而元代是否存在尚不可考，后传至明清两代，直到 19 世纪前半叶仍是最具权威和代表性的官方信息传播载体。邸报的基本内容以谕旨、奏章为主。它不仅是历代朝野上下了解、交流政治信息的主要渠道，也为到访中国的域外人士所熟知。

明清以降，邸报的发抄、管理、传播等制度日趋臻备，相关研究积蓄很深。由作者殷晴的介绍可知，目前明清邸报研究主要分为 3 类：一是把邸报放在中国前近代媒体史的脉络之中，考察其内容和发行方式；二是在明清士人的信息交流过程中确认邸报所发挥的历史作用；三是站在东西文明交流的角度，观察 18 世纪以降在华传教士、外交官的邸报翻译活动，从而探查邸报到底如何影响了西方人的中国认识。

于此之上，作者认为仍有两点值得研究突破。首先，尽管邸报研究成果颇丰，却仍缺乏一部可以系统全面说明诸如"邸报制作和发行的流程""由谁成稿、由谁发行""邸报又如何在市面流通"等一系列核心问题的基础研究。尤以清代前期的邸报为例，明明制度上明文规定每个环节都要由官方掌控，但在实际操作中，邸报的编辑、发行多有民间力量参与。如何把握这一制度与史实乖离背后的原因、机制，仍有待学者们进一步地发掘与考证。其次，"情报的处理与传播"一直是明了统治构造与政治文化的重要突破口，但相关研究多把目光停留在决策层，即皇帝与官僚，并未在意朝廷政令或者中央情报到达社会基层的历史过程。而关注邸报"自上向下"的天然属性，不仅可以弥补缺少"向下"观察视角的瑕疵，还能反作用于邸报研究，使其可以被放在"情报的处理与传播"与"统治构造与政治文化"的动态关系之中得到重新审视。因此，作者认为厘清清代邸报传播的实况，不仅可以勾勒出清代信息传播的全貌，还能一窥清朝统治的手段和方式。全文便在这一问题意识的引导下，围绕3条线索徐徐展开：一、邸报的信息由谁收集、如何收集；二、邸报由谁印刷和刊行；三、邸报如何传播。

全文的论证部分分为4章，分别为《邸报的构成、内容与形式》《邸报的编集》《邸报的印刷》《邸报的流通》。

第一章中作者通过史料整理和分析，介绍了清代邸报的构成、内容与形式。

从构成上来看，虽然历代多少会有些出入，但基本由以下3块内容组成：宫门抄、明发上谕与上奏文。其中宫门抄要到咸丰二年，即1852年以降才出现在各版本的邸报之中，故在这之前的邸报主要由明发上谕和上奏文两部分构成。

从内容上来看，首先，"宫门抄"3字并不直接作为标题用于邸报之中。此乃清末《申报》等报纸转载相关内容时所用之名，约定成俗。宫门抄所载信息有四：一、当日的值日部署；二、皇帝召见的官僚；三、各部门的报告；四、皇帝次日的行动安排。作者通过比对起居注发现，首先，往往同样一件事，宫门抄记载得更为详细，有许多独家情报。其次，明发上谕基本与起居注所载内容一致，但也偶有几例，起居注有载，邸报却未录入。最后，邸报每日收录1件至4件上奏文，皆原文收载，未见来自皇帝的指示、删减或补充。乾隆年间的上奏文中，题本占大多数，而咸丰以降则几乎全为奏折。这与乾隆中期以后，奏折逐渐从私信向正式文书转变的历史过程一致。作者还发现，无论是时间、内容还是格式，邸报中的上奏文都没有特别明确的标准。

从形式上来看，邸报分为写本与刊本两种。作者通过中外不同史料确认了两个事实：一是写本与刊本的存在，暗示着邸报的发行过程分为两个阶段。先由人抄写形成写本，再经印刷所将写本刊印；二是邸报底本的抄写者应是中央各部的书吏。其中一条史料显示，邸报的编集与抄写的工作并非中央各部的公务，而很大程度上是书吏基于惯例的自发行为。不过作者并没有马上下结论，而是从侧面推测，编集、抄写邸报很有可能是不在官僚升迁序列内的书吏们维持生计的一种方式。

第二章中，因明发上谕会由内阁直接发送至中央各部，书吏较易获得和了解其中内容，所以作者把重心放在了宫门抄与上奏文之上，围绕两个问题展开论证：一、书吏通过何种手段获得宫门抄；二、按理说，书吏应该只能接触到其所属部署的公文，以及内阁发送到该部署的题本或非机密奏折的副本，那么邸报所载的上奏文又是如何通过不同部门收集、汇总到一起的呢？

先论宫门抄。前述有云，"宫门抄"乃后世所云，一开始并无统一、确定的称法。作者向前追溯，终在纷乱无章的史料中找到头绪，认为其原型即是"小抄"。而"小抄"虽多有别称，却皆指记有皇帝行为和口头指令的非正式文书。它们多出自皇帝身边的宗室、王公们私下委派的下人或奴仆之手。这些下人或奴仆受主子之命，秘密搜集宫内各种情报，事后除了向上汇报外，还会透露给书吏。随后消息便迅速在书吏圈内传开，继而扩散至各部。作者还以嘉庆二年（1797 年）"伪旨事件"为例，说明这种私下刺探皇帝动向的行为早已有之，官场内部无人不晓却也屡禁不止。清朝前期这种行为被发现后还会治以重罪，但在"伪旨事件"中，嘉庆帝仅对犯事者处以薄惩。咸丰年间以降,小抄(宫门抄)甚至已经堂而皇之地出现在邸报之上对外公开,可见这一行为已经得到了官方的默许。

再议上奏文。与宫门抄的情况类似,目前并未发现全面详细记载书吏如何收集上奏文的史料。但作者通过多个刑罚断案的零碎信息,从侧面拼凑出了整个历史过程。作为结论,按例管理上奏文的责任人应是驻京提塘或六科给事中,《大清会典》也有规定"各省提塘官设报房,凡钦奉谕旨及题奏等事件,亲赴六科钞录,刊刷转发",但实际经手宫门抄、非机密性上奏文及明发上谕并形成邸报初稿的核心人物,实乃中央各部之书吏。他们利用书吏间的人际网络,收集、抄写、整理各方信息,更有甚者在外就经营着抄报房,团队合作。也正因此,载于邸报上的上奏文自然就没有了统一标准,如何取舍,怎样呈现,完全交由书吏各自判断。故有清一代的邸报发行,官方并不事先核审内容,就算发现了错误信息,惩罚力度也是点到为止,介入的程度非常有限。另外,作者基于现有部分材料推测,到清末时,书吏和报房应该已经私下结成了一个类似专门进行邸报编集的"行业组织"。

第三章作者根据邸报印刷的行业发展特征,划分为3个时间段分别阐述。

乾隆二十年(1755年)以前,邸报的印刷主要由以盈利为目的的"小报房"承接,各省驻京提塘再从小报房购入刊本,是为惯例。小报房并不隶属于提塘,双方只是纯粹的商业关系,且多为个人经营,有些只负责印刷,有些还兼带邸报的编集和抄写。

乾隆二十一年(1756年)到道光年间,小报房为"公报房"取代,由各省驻京提塘与个人报房业者共同经营。但公报房平日运营的各种开支皆由提塘出资,没有来自中央或地方的拨款,时间一久难免有所拖欠。填补窟窿的,往往又是后一任提塘。他们不单单要负担自己任上的各种花销,还要替前任清还欠款,陷入恶性循环。久而久之,公报房便难以为继。虽没有史料可以确定具体的歇业时间,但作者推测应在道光年间公报房便逐渐走向了自然消亡。

于是自咸丰以降，邸报的印刷又回到了乾隆二十年之前的样态——先由个人经营的报房承接刊印，而后贩售给各省驻京提塘。另外，就算是在官方直接介入的公报房时期，邸报刊印底本的整理、编集和抄写仍由书吏负责，各省驻京提塘"亲赴六科钞录"的制度显然早已流于形式。乾隆二十年至道光年间，清廷曾一度尝试一元化管理邸报的刊行，却没有解决其中最关键的运营费用问题，可谓浅尝辄止。

第四章中作者从两方面阐述了邸报的流通问题：流通路径和邸报价格。

先言流通路径。北京与地方各有千秋。北京的邸报流通，光绪年间之前缺乏史料难以考证，至清末则有类似水夫、脚夫这样的职业"送报人"承担邸报的配送服务。

地方流通的问题则略有复杂。作者总结其方式有三：一是在清末邮政制度设立之前，邸报的传递主要由设立在各地的汛塘负责。各塘塘兵接力，将来自中央的邸报送至各省会。通常各省驻京提塘每隔 3 天就会往所属省份发送一次邸报。不过，提塘发送的对象只是地方督抚、布政使、按察使、将军等高级别官员，最多不会超过 20 份。若要继续将邸报扩散至各省州、县地方官，甚至地方百姓，还要仰赖各省会都市报房的抄写和印刷。因此地方读者无法直接从北京入手邸报，需要经过省内中转。二是在爆发战争等的特殊时期，塘路中断，汛塘无法发挥作用，而各地又急需了解中央及各地情况，这时候，通过个人人脉关系获得邸报的方式便会登场。如曾国藩就曾在与太平天国作战时期，借助家人、折差与友人之力，从北京和各地入手邸报。三是一些州、县官或者乡绅，为追求时效性，会另辟蹊径，直接从北京获得邸报。如嘉庆年间，内阁原书吏李嘉山通过个人关系借到多部官印，以此自制盖有官印的信封，然后将邸报封入其中，混在发往地方衙门的公文之中一同寄出，每日发送 30 件左右，每月便可以从那些购买邸报的州、县官及乡绅手上赚到远高于一般邸报售价的酬金。而像李嘉山这样的例子，在清朝后期已不鲜见，但是否已经形成了一套成熟的邸报运输体系，作者认为仍需辅以更多的史料佐证，对此有所保留。

再论邸报价格。作者指出影响价格的因素有四：时效性、内容多寡、订阅方式和配送距离。另外较之刊本，一般写本的价格更高。如在北京，当天下午配送到手的写本邸报，其价格可达刊本的 5 倍以上。订阅方式则有 3 种：零售、订购与"换报"。换报，即在拿到新一期时向业者返还上一期邸报，类似"付费借阅"。通过作者考证可知，1870 年北京城内的刊本邸报，每月订购价大约在 2000 文到 3000 文。按当时的物价水平，一斤米约500 文，一斤粟约 460 文；再以户部堂官为例，一年收入约 500 两，而其下人的月薪仅 1000 文。就此来看，每月订购，于官僚而言算不上负担，但对普通百姓来说绝非小数。不过，若以换报等方式购读，便能省去大半费用，即使非富裕阶层也能承受。作者指出：换报及职业配送等途径的出现，意味着邸报业已商品化，反映出整个社会渴望获取中央消息的巨大需求；而从邸报向地方传播的样态可知，地方费资承担的汛塘如同动脉，各地报房及配送业者又如毛细血管一般，源源不断地将信息投送到天下四方。

在总结部分，作者指出，比之明代，清代首先在制度上就给予了邸报合法性保障，有成文规定，但规定是一回事，现实又是另一回事。不仅"各省提塘官设报房""亲赴六科钞录"的规定未能得到贯彻实施，且在清朝三分之二的历史时间内，邸报的印刷与发行都委任于民间商业出版者，而底本资料的收集、整理和撰写则由中央各部的书吏主导。清代邸报的发行和流通可以一直保持如此的规模从不间断，与书吏、民间出版业者、配送人员，还有各省驻京提塘等多个社会群体密不可分的协力合作息息相关。

而成文制度的形式化也反映出清廷在邸报相关问题上的态度。与题本、奏折等官僚与皇帝之间的通信手段相比，邸报明显不受官方重视。无论是内容审核还是资金支持，清廷都表现得非常消极。因此，清代邸报并非中央政府积极向地方传达朝廷动向和政令的工具，反而是由"需求－供给"催生出的历史产物，是书吏和出版业者在官方的默许下，根据地方渴求中央信息的巨大需求打造出来的"信息商品"。因此，清代邸报的优缺点相当明显。优点是，清廷以非常低的行政成本完成了从中央到地方的信息传播；缺点是，每个环节参与的群体太多，导致邸报之中常常混杂进许多未经核实的错误信息。待到清末，邸报这种半官半民性质的组织架构，终使得其缺点开始被不断放大。

首先，西方的报纸、杂志等新媒体于1730年代前后逐渐传入中国，到甲午战争结束，已遍及中国。对这些报纸和杂志而言，清廷一些重要部门，如军机处或总理衙门等部的书吏整理发行在邸报上的消息无疑是最佳一手素材。因邸报信息一般未经审查，虽不至于公布机密情报，但很多决策部门的消息还是由此泄露在了报纸和杂志之上，使得清廷在一些必要的场合失去先机。再则，因为邸报并非统一出版，内容裁量权因编纂者、出版方而异，往往同一天的信息多有出入，给人一种政府政令一日百变的错觉，反而增加了国家在近代转型时的执政成本。此时的清廷已经走到了历史转折的当口，一元化管理官方消息传播的问题迫在眉睫。

写到这里，作者似乎仍意犹未尽，利用最后的篇幅，简单介绍了晚清设立官报的历史进展。纵览全文，作者紧扣3条主线，从4个方面把清代邸报的基本情况逻辑清晰地展现在了读者面前。无独有偶，就在2024年年末，学者程河清出版了新书《立新不破旧：清末新式官报史》，正好填补了本文作者最后留下的"未竟之业"。不过程河清这本书对清前期的情况落笔不多，未能展开，故与本文共阅，可让读者对这一段历史有更清晰、全面、本质的认识。

（王侃良　摘编）

僧侣流动、社会嵌入
与亲属关系网络

晚清四川佛教僧侣的性行为

陈哲

摘自：Gilbert Z. Chen, "Monastic Mobility, Social Embeddedness and Kinship Networks: Buddhist Clerical Sexuality in Late-Qing Sichuan," *Late Imperial China* 43, no. 1 (Jun. 2022): 85–126。

本文主要利用清代四川县衙档案，对佛教僧侣的性行为案件与社会网络之间的复杂关系展开分析。

明清时期低级佛教僧侣经常被指控违反寺院戒律与妇女发生性关系，而对这一问题的分析，应该超越禁欲主义话语的限制。清代县衙档案显示，这类案件的发生受到多种因素的影响：僧侣的高度流动性、僧侣在当地社会结构中的深度嵌入，以及僧侣与女性的亲属关系。这些因素不仅容易导致僧侣和当地妇女发生性关系，也使当时的社会民众对此类事件往往持宽容立场。其关键在于，应了解这些僧侣的处境以及他们在给定的社会和法律约束下的行为选择，在这些情形下，这些僧人更有能力用自己的语言重写强加给他们的规范体系。

这是因为，僧侣的实际生活与社会网络之间存在复杂关联。清代禁止他们的性行为，晚清通俗文学对此也予以嘲讽和蔑视，这导致了人们往往容易忽略他们的性行为发生机制。事实上，上述 3 种因素不仅促进他们与女性僧人发生性关系，还带来了当地社会对此类事情的默许。

而法律资料有助于揭示根植于日常社会的普通僧侣的价值观。在世俗和僧侣精英的作品中，很少能找到这样的描述。直到最近，学者们也还很少研究普通佛教僧侣的性行为，这主要是因为，很难理解僧侣维持这种关系的意义。人们普遍接受独身是成为佛教徒前提的说法——他们为了宗教生活而离开家时，会断绝与家人的一切联系，维持独身，那些在誓言中犹豫不决的人会被从寺院中驱逐出去。然而，晚清四川的当地人并不总是谴责那些越界的僧侣，相反，他们的性行为深深地融入当地的社会结构。这种行为的"合法性"并非来自僧伽的认可或国家的承认，而是来自僧侣们在日常生活中与当地民众的互动。因此，这也提醒我们，应该拓宽对佛教僧侣的解释框架，不仅要把他们理解为宗教专家，而且要把他们理解为完全融入当地社会结构的参与者。

分析视角的转变同时引发人们对宗教认同与其他身份认同之间复杂关系的思考。宗教认同通常是一套与性别、亲属关系或阶级等其他重要身份相互关联的文化建构。很少有人生活在单一身份中，我们每个人都是多种身份的集合。尽管僧人们离开家开始宗教生活时就应该切断与家人的一切联系，但法律案例显示，无论他们对宗教目标的追求多么超然，有些问题依然会使这些僧侣的双脚紧紧地依附在大地上。从根本上讲，佛教僧侣仍然是他们所在家庭中的一员，并且往往会认真履行家庭义务。更进一步来说，尽管部分儒家学派人物谴责佛教本质上是反家庭的，但晚清寺院和家庭生活之间的关系紧密，当地居民倾向于容忍僧侣和亲属之间长期的、类似婚姻关系的关系。换言之，僧侣可以利用两种身份（一种是僧侣身份，一种是家庭身份）体制之间的差异，服务于自身的利益。这就说明，在他们的日常生活中，教职主义乃是一种不确定的身份能指概念。

（赵刘洋　摘编）

被忽视的白银

重新评估明清白银供应

杨煜达　金兰中

摘自：Yuda Yang and Nanny Kim, "Overlooked Silver: Reassessing Ming–Qing Silver Supplies," *Harvard Journal of Asiatic Studies* 83, no. 1 (Jun. 2023): 1–76。

这是一篇有大抱负的论文，在官方史料非常匮乏的情况下，两位作者试图通过实地调查采访复盘历史采矿过程，从而评估明清时期中国西南边陲的白银产量，希望由此推进中国货币史的研究，并反思现存的关于明清政治经济的论述。

白银虽早就在中国市场上流通，但是直到清末才被认可为官方货币，因而缺乏系统、可靠的官方记录。另一方面，一直以来大家也普遍认为重农的意识形态限制了国内银矿的开采，而市场上流通的白银主要来自海外贸易。本文的两位作者使用新的材料和分析手段，认为"1400 年至 1850 年间从西南边境地区流入货币系统的白银大约在 20 000 吨到 50 000 吨之间"。

在中国货币史上，明清时期的货币流通留下了至今未解的一些谜团，比如明朝人口增加、商业活跃、经济扩张，但是另一方面，朝廷的造币厂大部分停产、纸币和白银库存有限、海外贸易带来的白银规模也很小——两相对比，似乎当时的国内市场面临了严重的"钱荒"。然而，当白银突然从日本（1540 年代）和拉丁美洲（1570 年代）以每十年几百吨的规模涌入国内市场，王朝并没有出现严重的货币震荡——作者们在文中引用何义壮（Martin Heijdra）对当时行情的论述："1540 年代和 1570 年代的市场价格也没有出现普遍的脱节。"再比如，18世纪初期，清廷开始大量铸造铜钱以适应人口和经济增长的需要，按照万志英（Richard von Glahn）的估算，1740年到1785年间，铜币的年平均铸造量远超海外流入的白银量，并且彼时的外银输入也是起起伏伏，但是市场上的铜银兑换在很长时间内都保持相对稳定，只有在道光以后的史料中才出现铜银兑换贬值和对于货币危机的抱怨。因而作者们认为，要理解明清货币市场的相对稳定性，需要重估当时国内产银的规模。

就研究方法而言，由于白银的非官方性和朝廷对于地方社会的有限渗透，官方档案中对于银矿开采的记录很少，以往的历史研究者只能通过间接方式测算国内的产银量。全汉昇在1970年代使用税收记录、矿场的税收配额估算白银产量；但是他也提醒读者，自己估算的数额不等于当时的全部产出，他曾经从清代留下的逸事资料中发现西南边境存在产银的矿场。两位作者在清代学者型官员檀萃（曾在云南任职多年）和魏源的记载中了解到云南的银矿向国内市场输入了相当规模的银钱，提出需要重估其对货币史的价值。另一方面，他们也从官方记录和零星史料中了解到：地方政府上缴给朝廷的税款和他们从矿山、社区征收的实际税款存在差异，单独依靠税款来估算银矿产出并不是一个有效的方法。与此同时，根据地方史料中的矿场人口数据、实际的矿区数量和采矿记录，作者们也质疑了官方文献中登记的矿场数量及其"短暂的"运营记录，认为存在大量的瞒报和漏报。由于西南地区具有特殊的山地环境，朝廷管理的渗透有限，跨境流动相对自由，难以依赖官方记录来获得对银矿的真实认知。作者们采用了新的研究方法对西南地区的银产量进行估算，主要体现在3个方面。

一、"在矿渣、矿石组成和冶炼技术已知的情况下，由矿渣堆重建矿场的产出"这种欧洲古代银矿开采研究的思路启发了两位作者。他们在早期实地调查中，通过矿山景观、矿渣堆、民间史料和口述史，重建了历史上的银矿开采规模，发现其远超传统书面记录的预期：在官方记录中仅作为次要矿址出现，或者是从未正式登记过的矿址，却可以显示其产出了数百吨白银。是以，他们进一步扩大了自己的调查和估算范围，并使用新的数据和方法来重建矿场的开发历史。

二、他们从历史记录、20世纪开展的对历史矿区的摸底调查、地名和当地传统中确定了可能的矿址，其中包括39座基于实地考察和9座基于文献研究的矿山，排除了规模有限的"金牛"矿，最终进入本文银产量估算的矿山有47座。这些矿山大部分在云南，也包括1座在四川、2座在越南北泮省、1座在越南高平省以及1座在缅甸掸邦的矿山。作者们盛赞了实地考察的调研方式，他们因此发现了很多官方记载忽视或者漏掉的重要采矿遗址，借助当地居民的口述历史，在现今地貌中仍能确定一些可追溯至明代的实物遗迹（比如矿渣堆和矿井）。另一方面，因为一些历史上的矿渣堆在20世纪又经历了重新开采，对当时矿业参与者的访谈是了解历史遗址作业情况的唯一途径。

三、由于不同矿址的数据完备程度不一，作者们又建立了如何由确定矿产去推测其他矿山产量的办法。在作为研究样本的40多座矿山中，只有4个矿址（包括"金牛"矿）的资料是比较详细的，可以通过遗留矿渣估算历史上的银矿开采规模。至于剩余矿山的产量，作者们先是根据不同材料（比如废矿堆的尺寸，定居点、建筑物和寺庙的数量及尺寸，捐赠石碑，等等）估算了矿区城镇的规模和富裕程度——这些数据结合税收配额，被认为可以大致推导出这些矿山的产量等级。作者们用矿渣相对确定地重建了不同规模矿山（后文提到的3座矿山）的产量以后，在此基础上推导出了其他不同等级矿山的银产量。在汇总的时候，他们使用不确定系数（uncertainty factors）来处理历史记录精确度和可靠性的差异，帮助校订自己估算的数值。

文章的主体部分详细介绍了作者们对3座矿山的历史产银量进行重建的考量因素和推导逻辑。这3座矿山分别为缅甸东部的"包德温"

（Bawdwin，开采时间为 1400—1868 年）、云南澜沧的"募迺"（Munai，开采时间为 1400—1800 年）和云南兰坪的"富隆"（Fulong，开采时间为 1790—1850 年）。作者们在实地考察中搜集了一些可量化的数据："矿渣堆的面积和深度、废矿堆的面积和深度、矿井入口和已知作业面的尺寸面积、附近寺庙和清真寺的面积和奢华程度、其他相关建筑物遗迹（定居点、政府办公群落、坟墓）"；并利用传统书面记录、口述历史、家谱、放射性碳（碳 −14）的分析来确定遗址的年代。清朝的税收记录、矿址重要性的信息——这些书面记录虽然不代表当时的全部现实，但是可以直接、间接地了解重要矿址、劳动力雇佣情况、矿镇对外交通物流、银锭类型等信息。具体到生产流程的处理（从矿渣中倒推银的产量），作者们梳理了矿石提取金属的步骤和物料流，通过矿渣的体积和化学成分，估算进入冶炼流程的矿石量，结合矿石中铅银的平均含量，从中推测矿山遗址的历史产银量。银是从铅中提取的，铅的含量是作者们估算的重要线索："在没有矿渣数据的情况下，通过矿渣再开采产生的铅含量，可以对铅银矿或者铅银矿的矿渣量作出相对靠谱的估算。"作者们也考虑了与生产环节相关的其他可能性来校订自己的估算，比如中间金属产物、是否使用助燃剂、矿渣回收利用等情况。

通过矿渣来重建银矿开采的规模，两位作者把"包德温"（历史产银量大概在 1000 吨到 3000 吨之间）和"募迺"（历史产银量在 2100 吨到 3000 吨之间）作为超大型矿山的参照案例，把"富隆"（历史产银量在 200 吨到 250 吨之间）作为小矿山的参照对象。其余 44 座矿山，先是基于 8 个指标体系进行矿山分级，然后参照这 3 个案例的规模等级进行白银产量的估算。作者们最后提出，他们所研究的 47 座西南矿山，在 1400 年到 1850 年间的总产银量在 21 800 吨到 52 900 吨之间。考虑到一些地区性的使用习惯（比如打制银饰）、精炼过程的耗损和流入东南亚的白银量，作者们认为最终进入国内货币系统的白银大概在 2 万吨到 5 万吨之间。

　　此外，此文通过地区和跨地区的人口轨迹、经济和技术变化，尝试重构历史开矿的时间轴。作者们认为，高品位矿床（high-grade deposits）的大规模作业开采发生在明朝，清朝在技术进步的基础上实现了开采的集约化，国内白银的总产量在18世纪达到最高值。

　　综上所述，此文的研究发现推进了对于中国货币史的探讨：首先最重要的是，它修正了明清白银短缺的观念，西南地区相对稳定的产银量对于推进商业化发展、维护经济稳定具有重要意义。中国经济早在1540年代海外白银流入之前，就进入了自己的"白银时代"。对国内市场而言，海外流入的白银在17世纪晚期以后就变得越来越重要，但是它的供给变化被市场已有的白银库存和西南持续的产银量所缓冲。清廷增加的铜币铸造量和同时期的白银供给量相匹配，并没有引发铜银兑换的大波动，市场经济秩序相对稳定。作者们也暗示，基于国内产银量的规模和稳定供给，用海外白银的流出来解释19世纪早期国内货币体系和经济体系的危机，似乎并不充分。

（朱宇晶　摘编）

论文

妇女耕作和妇女编织

江南地区的水稻、棉花和性别分工

王悠

摘自：You Wang, "Women Till and Women Weave: Rice, Cotton and the Gendered Division of Labor in Jiangnan," *Late Imperial China* 45, no. 1 (Jun. 2024): 1–40。

本文依据中国第一历史档案馆所藏的刑科题本，利用数字人文方法分析与农村日常活动相关的891件刑事案件（随机样本），探讨关于中国农村性别分工模式的问题。

以往的认识明显忽略妇女土地劳动的重要意义。农村妇女约占明清时期中国总人口的40%，她们是农村经济繁荣的关键，然而，几千年来"男耕女织"的说法则断言农业（或其所代表的家庭劳动之外的领域）不适合妇女。学术研究同样未能重视妇女土地劳作。之所以如此，和人们忽略棉花种植有着重要关系。事实上，人们对于棉花的实质性影响和江南地区耕作模式的认识一直都没有得到真正检验。自明朝以来，棉花已被广泛种植，但多数研究仍然简单地将江南地区描绘成水稻经济区，很少关注棉花种植，然而棉花种植乃是妇女劳作的重要领域。对这一重要事实的忽略，带来了对性别分工的普遍误解。

另一方面，造成这种误解也与相关资料有关：（1）明清时期男性精英所撰写的地名录、农学书籍和论文。（2）20世纪的社会调查。传统中国男性精英往往基于有限的个人观察或与男性农民的随机对话来做调查，绝少提供妇女土地劳动的基本事实。社会调查也很容易低估妇女工作的重要性，即使是妇女自身，也往往低估自己的贡献。此外，"男耕女织"强烈地象征着一种社会理想。但是，妇女不参加农业劳作并不是事实。

而刑科题本则是研究上述问题的重要史料。中国第一历史档案馆所藏的刑科题本，主要是由总督送交皇帝，以便对刑事案件作出最后决定的相关案件记录。这些案件记录通常提供关于被告、证人和幸存者以及那些接受审讯的男女的供词，无论是被告、证人还是幸存者，这些接受调查的农村居民的生活故事都以较少偏见被记录在案件中，因而非常有助于深入审视农村性别分工。文章搜集到的关于苏州和松江地区等从 1722 年至 1850 年间的案件记录，其中 340 个案例提供了农村性别分工的直接证据，43 个案例提供了棉纺织领域性别分工的直接证据，另一些案例则说明了农村生活的重要方面，如作物模式、市场交换和土地产权关系。刑科题本通常被视为研究财产权、性暴力、家庭关系或其他与犯罪直接相关的关键问题的最广泛、系统和高质量的资料来源，它们可以揭示其他文本经常无法把握的日常生活，并放大那些文盲男女的声音，否则他们的声音将无法被听到。而利用证言中的细节，则有助于扩大刑科题本的应用范围，可以将其作为研究明清时期民众的日常生活的重要材料。

以刑科题本研究民众日常生活，尽管同样存在相应的问题，但它们依然是研究这一问题最重要的资料。虽然民众证词可能会被歪曲，比如当地方言被翻译成普通话时，甚至内容也可能会被篡改，以符合地方法官的判决，但是，从供词中所捕捉的细节通常还是可靠的。这是因为，虽说地方官员可以修改一些细节信息，但很少会费心作假。并且，由于这些细节在几乎所有情况下都是次要的，反倒会随着时间推移而保持相对一致，较少受到上报层级变化的影响。刑科题木有一个严重但不常被注意到的问题，那就是妇女的普遍缺席。根据各种地方官员手册，妇女不应被传唤至县衙，这不仅是为了保护妇女名誉，也避免地方官员与"悍妇"打交道。更麻烦的问题是，刑科题本涉及妇女职业信息的记录明显少于男性，有时，她们即使担任关键证人，这些证言也并不会被纳入案件记录。有趣的是，正是那些无意间的记载，反倒放大了女性劳动的重要性，这非常有助于人们对妇女的经济贡献作分析。

通过这些资料，我们能够看到妇女在农业劳动中的重要地位。在"男耕女织"的叙事中，水稻种植与棉纺织生产形成对比，男人不断地被描绘成农业的主要劳动者，这种叙事也强化了性别化的劳动分工制度，因为男性主宰了那些更赚钱、更被认可的分工。在那种以男性为中心的叙事中，妇女劳动被边缘化。但事实是，江南地区的许多女性在田野里汗流浃背。人们所熟知的是男子在水稻种植中占主导地位，可实际情况是，妇女在水稻种植劳作中同样作出了重要贡献，在棉花种植中，妇女的劳动更是不容忽视。在清代江南地区，耕作作为独属于男性的领域，从来就不能代表所有农业领域，甚至也无法代表水稻种植领域。在家庭劳作中，妇女做了很多工作，包括极其艰苦的锄地。虽然多种因素共同促成了人们印象中的"男耕女织"，也影响了一代又一代的清代文人，但是，这并不是江南地区农业的事实。

（赵刘洋　摘编）

麦嘉缔与"琉球处分"问题

清朝在外公馆中外籍馆员的私人活动及其历史意义

托马斯·P. 白瑞唐

摘 自：トーマス・バレット：《D•B•マッカーティと「琉球処分」問題——清朝在外公館における外国人館員の私的活動とその意義をめぐって》，《史学雑誌》第 131 編第 2 号（2022）。

　　近年来，外交史领域的研究已开始意识到仅把注意力放在国家与准国家代表之间的外交活动上，而忽视除此以外其他的行为主体、场所或机制，逐渐成为制约领域发展的瓶颈。不仅如此，近代东亚的外交场域还呈现出别样的复杂性。区域内部首先就存在着多重的政治秩序、外交原则与惯习传统；近代以降，域外的各种政治、文化、军事等因素又加入其中，纵横交织。故而其中产生的诸多历史问题，仅凭"官方外交"或根植于西方"近代外交"的分析框架恐难胜任。典型的例子，可举 19 世纪七八十年代围绕日本企图吞并琉球的历史事件（以下简称"琉球处分"）而展开的中、美、日多方外交角力。这也是直观近代东亚外交史多层性、复杂性的最佳切入点之一。

　　当下针对"琉球处分"的诸多研究在分析视角和方法论上呈现出 3 大特点：分析视角的空间、时间扩大化，研究对象的多样化，还有关注东亚秩序的转型，即华夷秩序逐渐解体继而转向西方型秩序的全过程。在此背景下，托马斯•P. 白瑞唐（Thomas P. Barrett）的这篇论文，将目光聚焦在了清朝驻日公使馆外籍馆员麦嘉缔（Divie Bethune McCartee，1820—1900）

身上。在以往的清史研究中，对于像麦嘉缔这样的清朝驻日公使馆外籍馆员，相关研究多着墨于他们在知识传播与文化交流方面的贡献，但正如白瑞唐所介绍的，除了公务以外，麦嘉缔还利用他的私人人脉、资源和知识，秘密地为清朝利益的最大化四处奔走。作者也期望通过整理麦嘉缔在"琉球处分"问题上的私人活动，探讨个人主体性在外交活动中的价值和意义，以此为同类研究提供新的视角。

全文的论证部分分为 3 章，分别为《从传教士到清朝驻日公使馆员》《琉球问题与麦嘉缔的私人活动》《麦嘉缔的私人活动与 1880 年清日交涉》。

第一章作者简单地介绍了麦嘉缔生平：1820 年生于美国，1843 年作为美国长老会医疗传教士被派赴中国，之后又一度在日本东京大学的前身之一东京开成学校担任教师。后辞职，于 1877 年回到中国，于清朝驻日公使馆任职。除了承担中日通译，英文、法文、和文翻译，以及撰写英文公文等公务外，他还在私人领域积极开展了 3 项重要活动：一是对琉球问题做研究调查；二是与美国前总统格兰特（Ulysses S. Grant，1822—1885）接触；三是利用新闻报纸等媒体施展才华，制造舆论影响。

第二章作者就上述麦嘉缔在私人领域展开的 3 项活动作了详细论述。

首先，通晓中日两国当时状况的麦嘉缔在其就任公使馆馆员之初，便预感到围绕琉球问题，清日双方会发生龃龉。为了应对不测，他在东京和横滨的书肆辗转，尽可能地收集琉球诸岛相关的地图，还有各类地理、历史书籍，并在一年的时间内对琉球王国的历史、风俗、地理等情况作了细密的研究。此处白瑞唐也特别指出，麦嘉缔的调查活动都是个人行为，并非上司授意。不过驻日公使何如璋对此也并非一无所知。一来何如璋非常熟悉麦嘉缔的脾性，知其热心研究，对其才华也有过高度评价；二来当时清朝驻各地公使馆馆员的一大行动特点便是调研、收集赴任地的各种信息。故而无论于公于私，公使馆方面都不会对麦嘉缔的行为有所置喙。这不仅给了他相当多的时间来进行私人活动，其研究调查所得也成为日后施展其外交才华的重要基础和前提。

其次，1878 年"琉球处分"发生，日本明治政府欲通过"废琉置县"吞并琉球。属国琉球的丧失对清廷来说意味着"宗属关系"的瓦解，故而希望在不与日本发生直接军事冲突的前提下尽量恢复琉球王国。1879 年，适逢美国前总统格兰特到访中国，清廷便委托其作为调停人赴日斡旋此事。另一边，作为清朝驻日公使馆馆员的美国人麦嘉缔，还有多个不同的社会身份，如"美国在东京居留民委员长""日本亚洲协会评议员"等。他在日本的外国人社交圈以及美国外交官群体中颇有声望。再加上他精通中、英、日多语，使得他成为迎接格兰特访日接待团的核心人员，获得了可以私下接触格兰特的机会。

从白瑞唐的考证来看，目前已知针对"琉球处分"清日谈判中所涉及的"二分案"和"三分案"都与麦嘉缔有着密切关联。在麦嘉缔与格兰特两人多次的私下会面中，麦嘉缔或有可能受何如璋所托，或有可能是为了尽力履行其作为清朝驻日公使馆馆员之职责，为达成清朝的外交目标而不懈努力。另一方面，身负调停使命的格兰特也缺乏相关知识，需要麦嘉缔这样可信赖的人物私下为其出谋划策。以史料见，麦嘉缔最初提供给格兰特的"妥协案"可谓日后"二分案"的雏形，也是麦嘉缔认为最具可行性的理想方案。而当麦嘉缔得到清廷希望恢复琉球王国的情报之后，他又撤回前案，向格兰特告知了几乎与日后"三分案"相同的建议。不过作者也坦言，当下还没有任何确凿证据显示格兰特在公开场合到底向日方提供了何种方案，但他从一些蛛丝马迹中推测出格兰特应是曾在私下将麦嘉缔给他的提案透露给了其他人，日方也或多或少地从一些途径了解到了格兰特更属意"二分案"的意向。

再则，日本虽欲加快推进"琉球处分"的进程，却非常忌惮国际社会的反应。毕竟若要遵从当时世界通行的"普遍性"原则，使用西方的做法来吞并琉球，明治政府就要直面一个棘手的问题，即在 1850 年代，琉球就已经和美国、法国、荷兰等西方列强缔结了"修好条约"。且在按照西方外交规则签署的条约中，琉球方面不仅使用了清朝的年号，书写所用文字也是汉文。这表明琉球不但是拥有独立外交主权的政治实体，又存在与清朝之间的宗属关系，故而从事实上就断绝了"琉球处分"的合法性来源。通过作者的考察可知，为改变这样的"被动局面"，自 1878 年开始，日本方面就在积极搜罗材料撰文，用以说明和强调"琉球处分"的历史依据，其目的有二：一来否定清朝方面的历史认识，表明自身的立场；二来通过这样的"历史叙述"向国际社会证明"琉球处分"的正当性。

日本方面撰写的这篇文章题为《日本与琉球》（"Japan and Riu Kiu"），先由井上馨（1836—1915）起草，后被翻译成英文，于 1879 年 10 月 11 日发表在英文报纸《东京时报》（*Tokio Times*）上。文章见刊后，麦嘉缔愤慨其中对于史实的歪曲，立刻动笔予以反击。鉴于之前已经做了大量翔实的准备工作，麦嘉缔很快便以《兼听则明》（"Audialteram Partem"）为题撰文，同样找了一份英文报纸《日本公报》（*Japan Gazette*）在同年 11 月 26 日刊登，针尖对麦芒，对《日本与琉球》文中的观点逐一反驳。作者发现：麦嘉缔通过翔实的史料引证，不仅能利用日本方面使用的材料来批判对方观点，还不断例举对方在史料翻译上的春秋笔法，以揭示其扭曲历史的不当做派；更难能可贵的是，他大量运用了西方人熟悉的国际法概念，有力地批驳了日本方面的主张，是一部熟练运用西方学术规范"对多语种材料援引得当的力作"。

《兼听则明》一经问世，国际外交界反响巨大，不仅欧美驻日公使纷纷将文章向各自国内传抄上呈，更得到清廷的高度评价。日本方面因此遭受"重创"，一时之间竟不知该如何应对。虽然在 1880 年初，日本方面又在《东京日日新闻》上匆忙刊文回应，但是从作者的考证可知，此文根本无力应对麦嘉缔提出的诸多质疑。更为关键的是，这篇回应文章只有日文版，没有和《日本与琉球》一样使用英文面向国际社会发表，或只为了在国内"保留一份颜面",可谓"一败涂地"。

第三章作者通过分析 1880 年清日针对"琉球处分"的谈判过程,来验证之前麦嘉缔私人活动的各种努力是否具有成效。从日方提出的谈判条件来看,部分内容与麦嘉缔提案给格兰特的第一方案(即"二分案")相同。此时麦嘉缔已经卸任回国,当其得知自己的努力没有白费并有了成果后大为喜悦。除了调停人格兰特给予日方的影响以外,在给他人的书信中,麦嘉缔也谈及,能有这样的结果,应与自己所发表的那篇社论有关。

当然,这样公然给自己脸上贴金不免招致非议,白瑞唐也坦言目前并没有找到相关的日方史料,可以证明日本方面曾受《兼听则明》一文的影响而在外交谈判上有所妥协。但作者基于以下两点支持麦嘉缔的说法:一是《兼听则明》见刊后,除了发表在《东京日日新闻》上的那篇社论以外,日本政府就再也未动员过任何力量去继续寻找"琉球处分"的历史依据了;二是与麦嘉缔"文笔争锋"的井上馨一直身居处理琉球问题的核心团队之中,他也非常清楚自己那些本来准备拿来向国际社会证明"琉球处分"正当性的材料已难有说服力。因此,无论是考虑到格兰特的调停,还是《兼听则明》一文在国际外交界的影响力,"二分案"都应是当时最有利于日本政府的谈判方案了。这与麦嘉缔的努力密不可分。

只是历史的进程并不一定如人所愿,即使当时亡命清朝的琉球人发出了"分割即是亡国"的高声呼喊,清廷亦坚持恢复琉球属国的条件绝不让步,清日双方的谈判最终还是不了了之。不久甲午战争爆发,清朝战败,日本至此在琉球"站稳了脚跟"。麦嘉缔的设想最终还是没有能够实现。如果没有白瑞唐翔实的史料挖掘,像麦嘉缔这样的"小人物"或许会一直隐藏在大历史的背后,不为人所知。

纵览全文,作者在第一、第二章中实证还原了清朝驻日公使馆馆员麦嘉缔运用自己的私人人脉、资源和知识,为清朝外交利益四处奔走的全过程,第三章则基于日本政府提出的让步方案抛出假说,从侧面验证麦嘉缔的各种努力确有实效。这篇论文不仅丰富了"琉球处分"研究的内容，也如作者开篇所言那般，基于外交的多层性和复杂性立场，为探讨近代东亚国际关系史提供了新的视角，即应跨越"公""私"二分的思想桎梏，意识到外交活动存在着多元的行为主体，他们可以是大使或公使的妻子、书记官、翻译、外国人雇员，甚至可以是仆人——承认他们的个人主体性，并探索、关注这种个人主体性在外交活动中所发挥的作用，或许就能看到别样的历史真实。

（王侃良　摘编）

甲申政变的善后处理
与清朝外交的制度运作

以醇亲王奕譞对外交的参与为中心

张天恩

摘 自：张天恩：《甲申政变における善後処理と清朝外交の制度運用——清朝外交への醇親王奕譞の関与を中心に》，《中国研究月報》第 76 卷第 5 号（2022 年 5 月）。

1884 年 12 月，朝鲜的激进开化派金玉均等与日本勾结发动甲申政变，企图使朝鲜脱离清朝的属国地位，但在清朝的干涉下最终失败。既往的研究已就甲申政变的经过、日本政府的应对、中日两国的动向和谈判过程及总理衙门与北洋大臣李鸿章的关系有所阐述，但对于清朝政府内部的动向仍有进一步探讨的余地。

甲申政变与中法战争的进程以及甲申易枢这一清朝中央政局的变动密切相关。以清军在越南战场上的溃败为契机，1884 年 4 月 8 日身处内政外交核心的恭亲王奕䜣被慈禧罢免，全部军机大臣遭撤换，史称"甲申易枢"。随后，清廷颁布上谕，要求军机处遇有重大事件先与光绪帝的生父、醇亲王奕譞商办，醇亲王地位由此提升，尽管其既非军机大臣，又非总理衙门大臣，但直至 1891 年去世，一直在幕后左右着清朝的决策。

甲申易枢后，庆郡王奕劻接替恭亲王掌管总理衙门，但总理衙门作为外交机构的权势下降，北洋大臣李鸿章成为实际的对外交涉负责人。然而，总理衙门的影响力如何变化，这一时期清朝的外交制度如何运作，实证研究尚不多见。本文通过厘清醇亲王参与决策的幕后情况，剖析政变后清朝在出兵、朝鲜的谢表和赔偿金、中日共同撤兵等问题上的应对，阐明其个人的参与对外交制度运作的影响。

甲申政变的爆发与清朝的应对

1884 年 12 月 4 日，朝鲜激进开化派发动甲申政变，在日本军队的支持下占领王宫，一度夺取政权。6 日，驻朝清军应朝方出兵之请，以保护国王的名义突入王宫，击退日军，新政体仅维持了 3 天。12 月 9 日，李鸿章接悉政变发生的消息，担心或引发比中法争端更严重的事态，一方面致电总理衙门，请求下旨调派南洋五舰、北洋二舰赴朝镇压，并派钦差大臣前往查办，另一方面要求驻朝清军提督吴兆有、袁世凯保持克制，等候调停。李鸿章的电报送抵北京后，醇亲王根据李的意见制定对策，12 月 11 日军机处以此上奏，基本采纳了这一处理方针。

由于此时政变情况真相未明，日本外务省 12 月 12 日与即将卸任的驻日公使黎庶昌就和平解决这一事件达成一致。清廷预计中日之间不会发生大冲突，14 日命李鸿章取消原定派舰船赴朝的计划。尽管李鸿章援引清朝驻朝委员来函，坚持请求迅速派遣北洋水师两艘巡洋舰赴朝的两封电报先后送抵北京，但醇亲王认为不宜改变既定政策，14 日两度致函军机处，提出借"误会打架"之辞了结中日冲突，并要求日本停止派兵，由中国派出钦差大臣前往朝鲜查办，令朝鲜道歉。这些意见被写入 12 月 15 日、16 日的上谕，成为清廷善后策略的核心。然而，之后李鸿章多次电告总理衙门日本出动军舰赴朝的消息，强调须派兵入朝以防日本胁迫。在李鸿章、两广总督张之洞等人的力主下，12 月 21 日清廷颁布谕旨，同意出兵朝鲜，但总理衙门强调仍需稳妥处理，避免引起争端。

为调查甲申政变，清朝派吴大澂作为钦差大臣赴朝，日本则由外务卿井上馨出任全权大使前往朝鲜交涉。围绕吴大澂的"全权"权限，中日之间展开了激烈辩论，日方要求清朝派遣相当于特命全权大使的"便宜行事"

全权使节，但总理衙门先以体制有别为由，宣称任何使节都不能独断专行，后又以谕旨所述含糊其词。抵达朝鲜后，吴大澂向日方坦承自己没有全权，井上以此为由拒绝与其交涉。

醇亲王对此极为不满，认为日方此举涉及影响清朝与朝鲜宗属关系的问题，1885 年 1 月 17 日前后两度致函军机处，指出朝鲜向日本支付 11 万元作为受害赔偿，但未提及对清军伤亡者的赔偿，有碍国体，提出应先向朝鲜索偿，待朝鲜接受这一要求，再采取宽大态度予以免除，并解释称此举旨在体现朝鲜的属国地位，强化宗属关系，以免在失去越南后重蹈覆辙。这一意见也体现在 1 月 19 日的上谕中。但要求朝鲜赔偿和呈递谢表，涉及"上国"的面子，不便在谕旨中公开提及，因而由总理衙门以密信告知吴大澂。最终，朝鲜按照清朝的要求呈上谢表，提出支付赔偿金的意愿。3 月 16 日，清廷下达谕旨，宣布出于对藩属的体恤，无须朝鲜支付赔偿金。醇亲王对此感到满意，认为若将来中日再就朝鲜事宜争辩可以此为据。

中日交涉过程中的清朝外交制度运作

作为甲申政变善后处理的重要一环，围绕释放大院君回国和中日共同撤兵这两个问题，李鸿章、驻日公使徐承祖与清廷之间产生了不少分歧。首先，对于 1882 年壬午兵变被清朝软禁在保定的大院君的处置，李鸿章主张让其回国以安抚人心，但醇亲王认为其一旦回国将会危及朝鲜国王，须从全局考虑，因而通过军机处以上谕的形式将反对大院君回国的意见传达给了李。此举既彰显了醇亲王在清廷决策中起到的重要作用，也增添了李鸿章说服清廷接受自身意见的难度。随后，李鸿章致函总理衙门，强调大院君回国可抑制亲日派势力，使属国朝鲜服从清朝。但清廷担心日本人反感的大院君回国后会招致事态恶化而采取了暂时搁置的做法，直至第一次"朝俄密约"事件和巨文岛事件相继发生，朝鲜问题因俄国与英国的介入日趋复杂，中日之间才又就释放大院君回国问题展开磋商。最终经过与朝鲜的协调，清廷于 1885 年 9 月 20 日同意释放大院君。

另一方面，中日未能在朝鲜实现直接谈判。为防止将来中日在朝鲜再起冲突，日本政府将中日共同撤兵定为基本方针，驻日公使徐承祖也同意外务卿井上馨的提议，但清廷坚持驻军以保护属国，拒绝了日方提案。为避免中日决裂，徐承祖无奈只得寄希望于李鸿章设法说服总理衙门撤兵。但 1885 年 3 月 13 日慈禧召见吴大澂，训示应峻拒撤兵要求，同时醇亲王也提议军机处应向朝鲜派遣监国来强化两国的宗属关系。在清廷中枢普遍反对撤兵论的情况下，负责实际交涉的李鸿章、徐承祖陷入困境。甲申易枢后，不熟悉外交事务的醇亲王开始参与外交政策的制定，这给清朝外交制度的运作带来了障碍。醇亲王虽然拥有很大的发言权，但绝非李鸿章的合作者。这种情形也影响到李鸿章随后与日本全权大使伊藤博文谈判时的行动。

伊藤作为全权大使赴华之际，日本驻华公使榎本武扬致函外务卿井上馨，坚持谈判应定在北京，直接与总理衙门交涉。这是因其充分意识到清末外交制度分权的问题，试图防止总理衙门如中法交涉中一样将谈判责任推卸给李鸿章，采取拖延策略。与此同时，清廷下达谕旨委任李鸿章为对日交涉全权大臣，并强调应在天津谈判，阻止伊藤进京。然而，在 3 月 16 日李鸿章与榎本、伊藤的接触过程中，李并没有遵照指示全力劝阻伊藤赴京，而是默许了榎本的计划。通过比照李致总理衙门的电报、日方的记录及当时《北华捷报》的报道，可以推测李鸿章旨在让总理衙门了解日本的交涉条件，以便减轻自己的责任，避免出现一旦谈判失败则完全归咎于自己的局面。这也反映了甲申易枢后，总理衙门影响力下降，未给予李鸿章充分支持的外交制度的运作状况。

伊藤于 3 月 21 日抵达北京后，总理衙门拒绝了其觐见皇帝的要求，并坚持应在天津进行交涉，榎本公使则执意须以照会明示李鸿章的全权权限。之后，伊藤向总理衙门提出了日方的两项要求，一是中日两国从朝鲜撤兵，二是惩处清军将领。在庆郡王奕劻表态愿意和平解决后，伊藤确认北京、天津的外交方针趋向一致的目的已达到，具体谈判随即又移至天津进行。

4月3日至4月15日，李鸿章与伊藤围绕中日两国共同撤兵、惩处清军将领、赔偿日本在朝受害者损失3项事宜展开了6次谈判。伊藤坚持要求惩处清军将领和赔偿日方损失，这导致谈判一度陷入僵局，最后李鸿章明确表示同意从朝鲜撤兵已经是中方极限，且此事总理衙门曾试图拒绝，是自己以全权一责独力应允，无法再作更多退让，从而迫使日方让步。最终双方互有妥协，达成一致。

值得注意的是，随着事态的演变，甲申政变的善后在实务层面仍然多有赖于李鸿章的努力。正如榎本的观察：清朝的外交权力并非在总理衙门，而是实际掌握在李鸿章手中。由于北京交涉期间，醇亲王因病告假，天津交涉期间，似也未有介入外交政策的迹象，这可以视为减轻了李鸿章作为交涉负责人的负担，使清朝外交制度得以顺利运作的条件。

结语

甲申易枢之后，醇亲王在清朝中枢的地位变得举足轻重，他的意见左右了清朝的外交政策，总理衙门和李鸿章的活动范围也因此受限。从甲申政变中清朝善后处理的过程可以看出，并非军机大臣和总理衙门大臣的醇亲王通过与军机处的往来信函参与外交决策，表明清朝外交制度中出现了新的权力主体，这也是外交制度分权的产物。这种情况给清朝外交制度的运作带来了困难。

与此同时，总理衙门的影响力下降并不意味着李鸿章权限的增强。由于清廷固执于原则性的观点，李鸿章在处理出兵赴朝、释放大院君回国、中日共同撤兵等问题时处境困难，不但无法得到总理衙门的协助，还需为了说服中枢煞费苦心。而易枢后的总理衙门整体趋向保守，为了避免直接与日本交涉，一直强调李鸿章的"老成卓见"，极力希望李承担善后事宜的交涉责任，外交表现难言成熟。

（薛轶群　摘编）

洋务运动时期
汉译国际法概论书籍的翻译方针

以"无差别战争观"为线索

望月直人

摘自：望月直人，《「洋務」期の漢譯国際法概説書における翻譯方針——いわゆる「無差別戦争観」を手掛かりに》，《東方学報》第 98 册（2023）。

国际法传入中国的历史，可追溯至鸦片战争前夕美国传教士伯驾（Peter Parker，1804—1888）与中国基督教徒袁德辉应钦差大臣林则徐之请，将瓦特尔（Emer de Vattel，1714—1767）的《万国法》(*Le droit des gens*) 译为《滑达尔各国律例》和《法律本性正理》。不过，两本书都只是部分摘译，而国际法概论书籍的完整汉译，始于 1864 年刊行的《万国公法》，这是美国传教士丁韪良（William Alexander Parsons Martin，1827—1916）受总理衙门委托，翻译美国法学家、外交官亨利·惠顿（Henry Wheaton，1785—1848）的《国际法原理》(*Elements of International Law*) 而成。

吉野作造、大平善梧、徐中约等认为相较于原著，《万国公法》更强调自然法（natural law）的属性，即应依据人类理性探寻的不变且普世的法则，这是丁韪良个人较为重视自然法的倾向所致。与此相对的是田冈良一、住吉良人、周圆等认为，《万国公法》反映了当时欧洲的法律实证主义（legal positivism）的学说，而丁韪良则是在吸纳了中国传统的儒家、道家思想与自然法的相通之处后，进行了带有翻译技巧的处理。

关于《万国公法》是否强调自然法以及忠实于翻译底本程度的问题，学界仍未达成定论。鉴于"无差别战争观"是基于法律实证主义的理论，考察《万国公法》与原著《国际法原理》中关于此概念的表述，可作为判断《万国公法》是否强调自然法的有力依据。同时，为衡量对"无差别战争观"的翻译方针究竟是丁韪良个人的决定还是其他中方译员的有意所为，本文选取洋务运动时期《万国公法》《公法便览》《公法会通》《各国交涉公法论》等国际法概论书籍，将书中有关"无差别战争观"的记述与底本进行对比研究，进而探讨以下两个问题：一是"无差别战争观"的相关记述在底本中是否更为突出地呈现；二是若存在这种情况，其是否源于译者的主观作为，以便揭示这些书在翻译时是否存在强调自然法的意图。

所分析的文献与"无差别战争观"

《万国公法》译自惠顿的《国际法原理》，其底本是 1855 年出版的第六版，参与翻译的中国人有何师孟、李大文、张炜、曹景荣等，校阅者有陈钦、李常华、方濬师、毛鸿图等。《公法便览》刊行于 1878 年，其底本是美国法学家、曾任耶鲁大学校长的吴尔玺（Theodore Dwight Woolsey，1801—1889）所著的《国际法研究导论》(*Introduction to the Study of International Law*) 1872 年第三版，由丁韪良、汪凤藻、凤仪、左秉隆、张德彝等共译，贵荣、桂林负责校阅。《公法会通》出版于 1880 年，其底本是瑞士法学家伯伦知理（Johann Caspar Bluntschli，1808—1881）所著的《文明国家的现代国际法》(*Das modeme Völkerrecht der zivilisierten Staaten*) 法文版《国际法法鉴》(*Le droit international codifié*) 1874 年第二版，由丁韪良、联芳、联兴、庆常、贵荣、桂林等共译。《各国交涉公法论》出版于 1894 年，其底本是英国政治家、法官菲利莫尔（Sir Robert Joseph Phillimore，1810—1885）所著的《国际法评注》(*Commentaries upon International Law*) 1871—1874 年第二版，由传教士傅兰雅（John Fryer，

1839—1928）口译，俞世爵笔述，汪振声、钱国祥校正。

"无差别战争观"是基于法律实证主义的理论，在国际法发展历程中具有重要地位。从古代到 17 世纪，诸多欧洲的思想家从自然法的立场看待战争，即当事国一方是正义的，另一方则是非正义的。可在经历了宗教战争、三十年战争后，随着主权国家的形成，18 世纪出现了"无差别战争观"，即与正当战争论相对，认为在战争中各交战方都可能认为自身具有正当理由，在没有普遍的国际仲裁机构的情况下，很难客观判定战争的正当性。并且在某些情况下，即使战争理由不充分，但只要符合一定的形式或基于国家的主权行为，也可能被视为合法的战争行为。这种观点在当时的国际法实践和理论发展中产生了重要影响，并且在后续发展中其内涵也不断演变，一直到 20 世纪初都在国际法的相关讨论中占据重要位置。

《万国公法》与《国际法原理》的对比

《国际法原理》的第四部分是关于战时国际法的记述。开篇论及国家间纷争及自力救济等问题，指出当国家遭受他国侵害且无法通过公议解决时，只能依靠自身力量，这是国家的基本权利。而《万国公法》中对应部分的翻译有所不同，如"各国倘受侵凌，别无他策以伸其冤，唯有用力以抵御报复耳"等表述，虽传达了自力救济的意思，但引导读者将其理解为在自力救济的前一阶段还有其他挽救手段，所作的调整与底本的表达存在差异。

《国际法原理》第四部分第一章第六节论述了战时国际法的平等适用问题，指出国际法在战争正当性的问题上不区分交战国，战争在交战国双方看来都可能是正当的。《万国公法》的翻译则增添了"光明正大"等底本未有的观念，将其作为交战国双方权利对等的依据。

《公法便览》与《国际法研究导论》的对比

《国际法研究导论》第 110 节介绍了战时国际法，在此之后的第 111

节对战争的定义进行了说明，指出战争是为了以武力确保利益或阻止恶行而导致的和平状态中断，各当事国拥有自行以正当理由诉诸自力救济的权利，且战争虽然有必要基于正当事由，但仍应交由各当事国自行判断，除极端个别情况外，第三国无权置喙。《公法便览》的这一部分与底本有若干明显不同。第一，将底本中看待正义的角度交由当事国主观判断之意，翻译为"义者非旁观共见之义，乃身受独知之义也"，即底本主张对正义的判断有主观、客观之分，应通过主权国家的主体判断行使权利，但《公法便览》强调"义"只有一方的当事国"独知"，其他当事国或第三国无法认知。第二，加入了底本中没有的"情形有所不知也"之语，这应是为了强调存在着他者无法认知之"义"。第三，将底本的"两国间若有争论时"译为"两国业已交战"。底本中的 quarrel 只是"争论"之意，即原意是开战前双方争论阶段第三国已无法介入，但后者意为开战后第三国无法再行干涉。

在开战手续部分，底本第 115 节强调发布宣战通告的重要性，但《公法便览》加入了"必确有违理之处可指，以征其非无故而兴兵"之语，这样的表述更符合"无差别战争观"的理念。

《公法会通》与《国际法法鉴》的对比

《国际法法鉴》第 510 节对战时国际法进行了说明，比较底本的注 1 与《公法会通》的夹注可知，底本强调即便是非正当理由的战争，也具有法律效应，基本遵循"无差别战争观"的表述。但《公法会通》译为"然战中仍有理可论，而权利因之得失、改革等情，均不可不究也。如平时所享之权利，大抵因战而停"，弱化了"无差别战争观"的论理。同时，省去了底本中关于"即便是因征服战争、王朝野心或国家的嫉妒、复仇心引发的战争，也会给法律的发展、公共秩序带来最为不幸的影响"之语，这应是出于译者避免出现不合理事宜具有法律效应表述的考虑。

在战争定义部分，底本第 511 节的注 1 最后承认国际法要实现以单纯的司法手续解决国家间武力争斗的目标，仍然任重道远。《公法会通》以"胜者理直，败者理曲，今则民间无此陋习，而邦国尚有之"的表述意译，并以"惜哉"作结，体现了比底本更强烈的道德感。

战争权部分，关于战争之"义"，底本第 515 节注 1 中的"现下几乎无实用价值"之语在《公法会通》中未被译出。而底本中原有的"法与道德的区别之处，尤其关于同盟国之义务与中立国之干涉，伴有若干结果"的稍显克制的表述，被译为"不得不辨其义与不义"，语气更显强烈。而底本对于目的不正之战争不应予以支持之意，被译为"其战若义，则盟邦之应助者，不得裹足"，且底本中对道德与法律有所区别的表述也未被译出。

《各国交涉公法论》与《国际法评注》的对比

底本的第三集第四卷第四十九节关于战时国际法的部分，在开头处提及法律的必要性是"诸国堕落性质的归结"之语，或因涉及基督教教义，未在《各国交涉公法论》中译出。

底本的第三集第四卷第五十节在论述战争中交战双方行为时，认为彼此都可能将自己视为正义的一方，且在没有国际共同法庭的情况下，双方会自行采取行动，类似于将法律掌握在自身手中。而《各国交涉公法论》只翻译了到此为止的前半部分，并未译出后半部分对这种行为的不合理性的讨论，尤其是在交战双方的权利和行为的正当性等关键问题上，《各国交涉公法论》的文本缺少了底本中的一些重要论述，没有完整地传达出底本的原意。

结语

通过对洋务运动时期出版的《万国公法》《公法便览》《公法会通》《各国交涉公法论》等汉译国际法概论书籍及其底本的对比分析，可以发现这些译本在"无差别战争观"等关键内容的翻译上与底本存在诸多差异，在多个章节的翻译中出现了对底本内容的省略、添加或者未准确翻译的情况，且弱化了"无差别战争观"的表述，表明了强调自然法倾向的翻译方针确实存在。

这种翻译现象的出现，可能与译者如丁韪良等人的信仰、价值观以及对当时中国读者的考虑有关。一方面，传教士的基督教信仰可能影响了他们对国际法内容的理解和翻译，例如在涉及战争正义性等的问题上，可能会受到基督教教义中关于善恶、正义等观念的影响。另一方面，考虑到当时中国的社会文化背景，特别是儒家思想的主流地位和中国传统的国家观、道德观等，译者可能会对原文进行调整，以使其更符合中国读者的理解和接受程度，避免与中国传统文化和社会观念产生过多的冲突。

这些汉译书在一定程度上影响了当时中国官员和知识分子对国际法的理解和运用，如朱克敬的《公法十一篇》，中法战争时期兵部尚书彭玉麟、台湾道刘璈的奏折，吴汝纶在日记中也曾提及这些译本；不过，在引用过程中也存在与"无差别战争观"等内容相冲突的情况，由此反映出这些书在传播过程中与中国实际情况的复杂互动关系。

（薛轶群　摘编）

"成吉思汗料理"与帝国日本

岩间一弘

摘自：岩間一弘：《ジンギスカン料理と帝國日本》，《東洋史研究》第 83 卷第 2 号（2024 年 9 月）。

"成吉思汗料理"在今天的日本无人不知、无人不晓，是极具人气的经典牛、羊肉美食。乍看其名，"成吉思汗" 4 字不禁让人浮想联翩，但在如今的一般日本人心目中，这就是一款道地的北海道"乡土料理"。且从 2000 年至 2010 年前后，在有官方背景的机构所组织举办的各类活动中，这一美食被冠以"北海道遗产""百佳农山渔村乡土料理""百年美食"之名，作为日本的代表性"国民料理"示人于海内外。

得益于其在日本的普及程度，也承"成吉思汗" 4 字所带来的独特魅力，针对这一美食的历史研究在学界已颇具规模：不仅有高石启一、前田利恭等学者开创领域式的基础与综合研究，尽波满洲男、鱼柄仁之助等学者也在收集和考证史料上作出了巨大贡献。但就如作者岩间一弘所指摘的那般，"直至今日，'成吉思汗料理'名称的历史脉络仍然模糊不清"，且在人们不断追本溯源的过程中，"误说讹传反反复复"出现，以致众说纷纭，诸说错综复杂。就连"成吉思汗料理"专家、领域先驱者高石启一的观点也几经改弦更张。"成吉思汗料理"不仅承载了人们的饕餮之欢，更在自其诞生以来的一百多年历史中，带着世间众生各色各样的期待、思绪、憧憬不断地被"消费、改造和叙述"。

在此背景下，作者岩间一弘的首要目标便是对"成吉思汗料理"名称的由来，及其如何变成日本特色美食的全过程进行梳理。他在篇首便抛出结论："成吉思汗料理"源自中国菜"烤羊肉"。日本人在北京发现这一美食后，在品尝其味道时赋予了它"成吉思汗"之名。待传至中国东北地区后，这道菜后来竟变成了伪满洲国的"特色佳肴"，被侵华日军视作至宝。直到二战结束后，"成吉思汗料理"才渐渐变成北海道"乡土料理"遍及日本。

正是基于这样的历史经纬，作者敏锐地察觉到"成吉思汗料理"在中国的诞生及其在日本的普及，与"日本帝国"在东亚近代的兴与衰并轨同调。这也使其成为一个可以观察并明了日本帝国主义如何左右、形塑日本容受中国饮食文化的最佳事例。因此，作者希望不仅借此研究厘清"成吉思汗料理"的基本史实，还能将其放入日本对中国饮食容受的历史脉络，并在日本帝国主义及后帝国主义的视域下对其重新审视。

全文的论证部分分为3小节，分别为《"成吉思汗料理"名之始源》《变成"伪满佳肴"的"成吉思汗料理"》《"成吉思汗料理"在日本的普及：日本陆军与农林省的食用羊肉鼓励政策》。

第一节中，作者试图在"成吉思汗料理"诸源之说中反复爬梳寻找真相。根据他的论述，最初涉及"成吉思汗料理"的记录来自1918年访问北京的日本实业家松永安左卫门的旅行日记。其中提到他曾受邀于"正阳楼"品尝中国菜"烤羊肉"，席间同行的日本友人将其称作"两千年料理"，由此联想到"两千年前"（实际上是700年前左右）成吉思汗征战行军时的夜宿光景。之后，将"烤羊肉"称作"成吉思汗料理"的说法便于在北京的日本人群体间流传。

而"成吉思汗料理"的名称到底由何人始称，还要等到1931年记者中野江汉在杂志《食道乐》中予以介绍才得以揭晓谜底。文中写道，1910年前后，旅居北京的食客井上一叶邀请时任日本时事新报社北京特派员的鹫泽与四二于正阳楼共赏佳肴。两人思索着如何给"烤羊肉"另取一别致名称时，最先拟定的是"三千岁"。旋即鹫泽与四二在招待其他友人品尝此"三千岁"料理时，不知不觉便把话题引到了成吉思汗身上，也顺势提议将"烤羊肉"重新命名为"成吉思汗料理"，得到了在场众人附议。事实上，前述松永安左卫门的那场宴席上，鹫泽与四二就有出席，众多线索终于会合。虽然到底是"两千年"还是"三千岁"岩间一弘并未深究，但在反复验证多方史料后，他认为由尽波满洲男最初实证、后经渡边隆宏核实的"鹫泽与四二中心说"，是目前为止有过硬史料支撑的"唯一正说"。

值得一提的是，当时无论是日本人还是中国人都十分清楚这道菜肴虽被称作"成吉思汗料理"，却出自北京的汉族餐饮业者之手，与蒙古族没有任何直接关系。另外，在驳斥"成吉思汗料理"命名由来的其他诸说，如"驹井德三说"及"陆军省相关人员说"时，岩间一弘发现尽管它们都没有确凿的证据，多是推测，却意外地仍在当下颇有市场。究其原因，他认为这与近代日本在中国东北及华北的侵略扩张过程中对"成吉思汗料理"的极力宣传密不可分。

早在1910年代前后"成吉思汗料理"甫一从北京传到中国东北时，旅居当地的部分日本人受"日本帝国地政学"知识生产的影响，认为"成吉思汗料理"与蒙古族有关，并在一次又一次的集体聚会仪式中，不断强化多产绵羊的东北亚北部地区乃"'成吉思汗料理'发源之地"的错误历史认知。1932年，在侵华日军的扶植下，傀儡政权伪满洲国成立。"成吉思汗料理"至此也摇身一变，顺理成章成为伪满洲国大力推广和普及的"伪满特色佳肴"，是"高呼"其"政权合法性"的救命稻草。于是在第二节中岩间一弘指出，一道普通的中国菜竟成了侵华日军眼中的至宝，以至于其在日本对华侵略扩张过程中，被强加晦暗的政治色彩，被偷换概念，被扭曲和重塑。

直至日本战败前，成为"伪满佳肴"的"成吉思汗料理"不仅是伪满洲国与日本高层招待内外宾客的"国宴"招牌特色，也被通过不同媒介、全方位的政治宣传渗透至平民百姓。尤其在日本本土，这一美食可谓家喻户晓，人们直当它是古早以来便普及中国东北的一道传统名菜。但居住在当地的中国人并不买账，无论伪满政权怎样卖力宣传，他们早知其不过是日本侵略者捏造的"伪乡土料理"。在中国东北的农村，一般只有财力雄厚的家庭才能不时享用羊肉，中农以下唯有节日庆典时方得一尝其味，绝非伪满政权或日本人口中宣传的那般"日常普遍"。

同时，"成吉思汗料理"还被附会为"成吉思汗神话"，成为"鼓舞"远征中国侵华日军的政治工具。而羊肉美食既然是当年成吉思汗及其精锐征服世界的必备食物，"成吉思汗料理"就自然地被塑造成了与之相应的、日军侵华的"好彩头"，出征时食用"成吉思汗料理"亦渐成军中惯例。且不仅在军队，利用这一虚像"团结人心"的做法还在日本报纸以及影视作品的反复宣传下，自上而下广为传播。作者坦言，直至今日日本人在提起"成吉思汗料理"时，仍会就此联想，残存对成吉思汗的憧憬和尊重。但在视成吉思汗为英雄的中国和蒙古，姑且不论人们认为成吉思汗承载着怎样的历史记忆，仅是看到其被用作菜肴之名便会心生不快，故时有来自海外人士要求"成吉思汗料理"改名的呼声。

最后，鉴于岩间一弘已在另一篇论文《从"中华料理"到"北海道文化遗产"：烤羊肉（成吉思汗）料理的历史嬗变》（"From Chinese food to Japan's Hokkaido heritage: The transformation of the grilled mutton or lamb dish 'Jingisukan'"）中就"成吉思汗料理"自二战后到被认定为"北海道遗产"的历史轨迹作了详论。因此第三节中作者讨论"成吉思汗料理"在日本本土的普及问题时，便将时间段限定在了 1945 年以前，与前两节保持一致，但无论是在篇幅还是论述的精彩程度上，本节内容皆略有逊色。简而言之，1910 年代，伴随着洋装在日本本土的普及，日本对羊毛的需求与日俱增，日本政府就此制定了 25 年内增产 100 万头绵羊的"国策"，并鼓励民众食用羊肉，以此扩大绵羊的销路。而传入日本的"成吉思汗料理"无疑成了解决难题的最佳选项。于是在日本军部（诸多军用品的制造皆来自绵羊养殖业）和农林省的合力下，多家"成吉思汗料理"招牌店在 1930 年代前后落地日本，后来这道菜更慢慢地被摆到了日本寻常百姓人家的餐桌之上。

　　纵览全文，作者基本达成了自己设定的研究目标，非常详细、清晰地梳理了 1945 年之前"成吉思汗料理"从北京正阳楼"烤羊肉"转变为侵占中国东北、华北地区的日本侵略者口中的"伪满佳肴"的全过程。岩间一弘耗费了相当的笔墨对"成吉思汗料理"名称的由来史作了知识考古。也正是在一过程中，他发现事实上"唯一正说"早有学者提及，但如今的很多日本人却仍对诸多假说深信不疑。于其中，"成吉思汗料理"概念的外延和内涵被不断扭曲、改造、重构，我们也可就此一窥日本帝国主义对饮食文化的左右和形塑，了解"成吉思汗料理"在日本容受中国饮食文化的历史中被反复消费、改造和叙述的历史全貌。

　　不过全文重述而轻论，很多时候岩间一弘只是点到为止，并没有作更进一步的评判。他似乎在详细且绵密的史实勾勒上耗尽了笔力，而把一个个值得深思的问题抛给了读者，留下了许多可以继续拓展的空间。

　　或许阐释完"成吉思汗料理"的历史脉络，只是作者展示其"饮食文化与东亚近代"这一宏大选题的一块拼图。就像岩间一弘在文中提到的另一种食物"饺子"，事实上也在日本对中国的侵略中经历了与"成吉思汗料理"类似的多舛命运。这般"以小见大"的选题本身便极具研究价值，展现了饮食文化在跨地域交流中所呈现的复杂性。

（王侃良　摘编）

不可言说的生态学
深究 1910 年代—1980 年代的生态科学和环境意识

孟悦

摘自：Yue Meng, "Unspeakable Ecology: Eco-Science and Environmental Awareness Through Thick Inquiries, 1910s–1980s," *Twentieth-Century China* 47, no. 2 (May. 2022): 91–111。

　　作者在开篇提出自己对于现当代生态议题的困惑：人类和其他物种、人类和地球之间共存的伦理模式、政治经济关系模式是怎样的？或者更进一步去思考，"共存"是否可能，又是如何被感知的？在开启这些议题之前，作者认为有必要先去解读被隐没的社会生态观念和生态科学的历史。在中国现当代观念史上，"生态"这个词经历了一系列沿革——先后被社会达尔文主义、实用主义、后殖民主义、发展主义的框架所塑造，作者试图用考古学的方法追溯不同时期的生态意识如何与当时的政治经济现实匹配和作出妥协。

　　作者首先关注的是生态和生态学的概念经由日本被引介到中国的经历。"生态"这个词借用自 seitaigaku 的前两个日文汉字。作者指出，日本在翻译 ecology（生态学）的过程中就存在缺陷。早期的欧洲科学家，比如恩斯特·海克尔（Ernst Haeckel，1834—1919）和约翰内斯·尤金纽斯·布洛·瓦尔明（Johannes Eugenius Bülow Warming，1841—1924）认为生态学的研究重点是讨论植物、植物群落（plant community）和它们栖息地之间的关系，但是当 ecology 被东京大学植物学教授三好学翻译成日文 seitaigaku 以后，却被隐没了"关系""群落""栖息地"这些内涵。在日语中，sei（生命、生物）对应生物有机体，tai（形状、形式、状态或者类型）对应形态学，因而 ecology 被翻译成日文 seitaigaku 以后，给普通读者留下的印象就是生态学研究单株植物的形态学特征。与此同时，日本对于生态学理解的偏差也和他们的学科偏见联系在一起。三好学把植物生态学引入日本时，他认为它缺乏精确性，从而在学科地位上把植物生态学置于植物生理学的大类之下。在他看来，植物生理学是在实验室中分析植物生理特征的客观规律，而植物生态学则是根据生理学规律来解释植物在自然中的生命现象——他的这种偏见正好和布鲁诺·拉图尔（Bruno Latour，1947—2022）等人所讨论的认为"实验室"优于"文本"的错误观念如出一辙。这种观念使得在东亚，大量并非基于实验室研究的植物知识被归入前现代的知识范畴而被边缘化。并且，这种把生态学置于生理学之下的学科偏见也便利了当时流行的社会达尔文主义对于"适应"的含义的篡改。他们把赫伯特·斯宾塞（Herbert Spencer，1820—1903）的"适者生存"等同于"自然选择"，认为有机体和物种改变其形态是激烈竞争的结果。明治时代的知识分子把"适者生存"替换为"优胜劣汰"，把"自然选择"翻译为"自然淘汰"。这种篡改把世界想象成残酷的丛林，而弱的物种不具有道德和伦理的位置，这种话语和观念在 20 世纪长期保持影响力，也在意识形态上被用来呼应日本对外扩张的"正当性"。这种意识更为广泛的影响是，因为语言上的亲近性，这种观念也很顺利地被当时的中国留日学生引介到中国，其中包括新文化运动的先锋——比如鲁迅和陈独秀。日本教科书《动物学提要》（Dōbutsu-gaku Teiyô）被翻译成中文的《动物生态学》时，继承了原作者饭岛魁的观念：生态学要处理和适应相关的议题，适应良好的生物才不会被淘汰；生态学是研究单一生物如何在生理上适应周边环境的科学。

虽然 1930 年代中期以来，世界范围内的生态学研究已经逐渐走出社会达尔文主义，留美归来的动物学家秉志、植物学家胡先骕也在各地组织生物的田野研究，试图让中国的生态学走出实验室，但是将自然视为一个群落、一个网络（a network）的生态学意识仍然影响力有限，"适者生存、淘汰不适者"仍然是国内生态学教育的主线。20世纪初，俄国的地理学者克鲁泡特金（Пётр Алексеевич Кропоткин，1842—1921）批评斯宾塞的"适者生存"，强调生物之间的互助和共生关系。他的理论为民国知识分子，比如张静江、蔡元培等所熟知，启发了他们的社会政治蓝图，但是这些并没有在科学领域产生重大影响。虽然在二战期间的日本本土，生态学家今西锦司引领了对社会达尔文主义的激烈批评，然而战争使得这场东亚生态科学的重要变革并没有在中国知识界引起足够的重视和对话。

作者关注的第二个历史片段是中华人民共和国成立后，我国的生态学研究和科普如何在苏联基因学的影响下服务于提高生产力的经济需求。1950年代以后，受到苏联学界的影响，中国生态学的理论知识开始系统性地重视达尔文进化论、植物群落、生态网络（eco-networks）这样的观念；不过彼时的时代主线是发展经济，生态知识也被要求服务于提高生产力、提高作物产量——在作者看来，这种对于实用性的追求无形中削弱了生态知识在中国传播中的丰富性。彼时生态学强调物种和周遭环境、和其他物种的关系：比如1952年在武汉召开的聚焦遗传学的中南地区米丘林学术讲习会，领衔的遗传学专家乐天宇给与会人员准备的培训教本——《遗传选种要义》就强调要关注有机体和环境之间多层次的交互关系，关注物种的种内和种间关系（并非只有竞争，也有共生）。但是，这次讲习会也推进了借自苏联科学家的"生态因子"（ecological factors，最早由瓦尔明提出，指的是给有机体生存提供营养的有机、无机环境，后来苏联科学家对这一概念亦有推进）概念，认为生态科学的任务要从野生动物研究转向"栽培种"（cultigen）的研究，探索如何创造特定物种的营养生态，从而提高它的生产率。这种以人类为中心的伦理原则，在一定程度上窄化了生态学的价值和工作。虽然中华人民共和国成立后，地方并不缺乏更具伦理反思的生态实践——比如各种各样的水土保护实践，植物生态学的知识积累也不乏丰富性，但是，1950 年代主流生态科学的意识形态和终极价值聚焦单一作物产量的提高，生态科学被要求应用于经济。

文中探讨的第三个历史时期是 1970 年代，彼时的中国参与了全球南方国家对于全球环境议题的批判和反思。那时候，中国的生态观念和生态实践逐渐和苏联生态学分道扬镳，有关生态脆弱性的观念开始在大众传播中被强调，这一变化是和全球环保主义、反对"生态灭绝"（ecocide）战争联系在一起的。中国在 1972 年参加了联合国人类环境会议（也称"斯德哥尔摩会议"），在之后的国内报道中，重点提到了与会多个国家谴责美国在越战中部署生化武器，美军基地在亚非造成的污染导致人民流离失所。这种和地缘政治密切相关的生态正义之后也经由全球南方媒体（比如越南、泰国的媒体），持续影响了中国生态观念的公共传播。"生态灾难"和"生态保护"的话语改变了中国公众对生态的理解，"生态灭绝"的提法也表明了彼时的中国人开始对生态赋予伦理化的想象：伴随着反战话语而来，社会大众对于人和其他生物的联系，对于生命本身的保护，都展开了广泛的伦理讨论。在之后的几年内，中国完成了 200 多项与环境有关的研究，也出版了几种与环境有关的科学杂志。虽然这时候国内公众对于生态的伦理思考还是和资源耗竭、财产观念杂糅在一起，但是对于生态环境脆弱性的承认，以及在此基础上对保护生态的提倡，代表了中国生态观念迈出了关键一步。

文中最后一部分呈现了改革开放以来，中国生态学家内部基于不同发展图景所产生的争议。

1970 年代以来，环境保护意识在国内逐渐得到强化，中国的科学家已经不再局限于讨论孤立的污染事件，他们关注那些长时段、大规模的环境退化过程，提出了"生态系统"和"生物圈"的概念——对生态脆弱性的表述也在中国获得了前所未有的伦理认可。与之相伴随的是，生态学的学科发展也迎来了新的局面：生态学和气候学、地球物理学、海洋学等学科并列成为环境科学的重要分支，科学家通过大量野外实地调研而非在实验室做实验的方式来积累有关地球生命的知识。除了控制和管理污染，当时的生态学家兼技术官员，比如金鉴明（曾任国家环境保护局副局长），开展了大量的生态项目，比如建立自然保护区、动员生态农业、保护濒危物种等等。

与此同时，1980 年代以来，在社会大众看来，经济发展和生态保护成为一对互为竞争关系的伦理诉求。1963 年，基于研究团队多年对于地理和植被的实地考察，生态学家侯学煜提出了"大农业"的想法，力主发展多样化农业作物，强调农业生产和周围环境的互惠性。在他看来，农业丰产和保护生态并不是互斥的，通过差异化利用土地和种植作物，生态系统可以提供农作物的丰产，并且最小化环境风险。但是这种建议很快就被轰轰烈烈的"农业学大寨"运动给淹没了。到了 1980 年，侯学煜又进一步在"自然生态区划"的理论框架下更新了他 17 年前的主张：他强调动植物生存环境和地理、气候条件之间的关联，主张各地区发展适宜本地区生态条件的农畜业。在这种理念下，他反对在华南丘陵地带发展大规模的畜牧场，认为这种发展路径会耗尽生物量，造成水土流失。这种"树比肉重要"的建议在南方各省引起了一轮又一轮的争议。熊德邵，时任中国农业科学院北京畜牧兽医研究所的研究人员，提出开发草山作为新的生态系统，给牲口提供饲料——他以"即时提高村民人均收入"为由，提倡"以草换肉"的发展主张。此外，同时期也有人积极推进在云南和海南发展大量橡胶种植园——它们之后被称为"绿色沙漠"。侯学煜在 1980 年代积极呼吁出台政策治理"生态破坏"——包括把森林和湿地开垦为农地、推广单一作物种植、破坏植被用于乡村工业、砍伐森林以及用"人造平原"取代自然景观。但是他的这一坦诚建议在当时被认为是"不切实际的"和"主观的"，有关部门也并没有对此作出反馈。

作者在文末总结中指出，1980 年代的这种发展路径使得中国错失了一个由生态来塑造经济的机会，强化了对地方生态的"双重否定"：用少量经济作物来取代丰富多样的地方物种，是在物理层面否定了地方生态；同时，地方生态的伦理地位、有限性和不可替代性在话语层面也被否定了。她建议当下生态学和生态文明的研究，应该挑战这种"双重否定"的机制，重新确立人类和生态圈其他生物共荣的文化、经济和伦理政治模式。

（朱宇晶 摘编）

不再印刷

简化汉字的出版（1935—1936）

翁哲瑞

摘自：Jeffrey Weng, "Stop the Presses! Publishing Chinese Character Simplification, 1935–1936," *Harvard Journal of Asiatic Studies* 83, no. 2 (Dec. 2023): 333–364。

近代以来，中国知识分子们一直在讨论如何更好地提高识字率，从而增强国家实力。改革汉字是众多想法中的一种，但关于如何改革却有许多不同的提议。到 1935 年夏天，汉字简化作为文字系统改革最切实可行的第一步的势头已经确立，国民政府教育部开始了第一轮的简化工作。然而，1936 年 1 月，在向出版公司发布命令，要求他们将 324 个简体字编入教科书的 4 个月之后，教育部就改变了方针。简化汉字工作半途而废。

为何会发生这样的遽然扭转呢？前人往往将这一最初的汉字简化尝试视为共产党领导下的中华人民共和国在 1950 年代开始的更为彻底的文字改革在 1930 年代的一种半心半意的序曲。之所以半心半意，是由于国民党内部存在意识形态层面的反对意见，即认为汉字简化威胁到了民族文化的精髓。事实上，许多文献都指责当时的考试院院长、简化政策的坚决反对者戴季陶。然而，这种解释忽略了国民党内部同样存在着简化政策的支持力量——事实上，这种支持力量是简化最初能够成为一项政策必须具备的保障。因此，汉字简化在民国时期的失败及其随后在中华人民共和国的再度兴起，不宜被视为共产党和国民党意识形态分歧的表现。仅仅用国民党致力于"保护"传统和共产党致力于进步，无法解释南京十年（1928—1937）

期间汉字简化政策的失败。相反，我们还必须考虑中国印刷业的物质环境。

　　语言有其物质性的一面。就文字而言，印刷机一直被认为是文字的主要传播者，也是稳定和规范正字法的关键。1935 年，国民政府试图向出版业提出两项要求：第一，在印刷教科书时，每个汉字的上方或旁边都要附注红色注音符号，标明汉字的标准读音；第二，引入一套初步的简体字，其数量在随后几年内将逐渐增加。本文将展示技术和经济的限制是如何迫使特定行为者采取特定政治立场的，将汉字改革的物质考量与意识形态投入结合起来考察，以期从政治学、技术与经济学的跨学科视角推进 20 世纪中国语言研究。

语言改革

　　本节将汉字简化置于清末民初中国语言改革的历史背景之中，说明文字改革的提议有时会得到不同意识形态领域的支持。

　　19 世纪末，中国的各派知识分子开始哀叹国人普遍的文盲和无知状态，认为这是中国处于弱势的根本原因。于是，一些进步知识分子开始倡导改革中国的文字系统。有些人主张完全废除汉字，改用字母和其他拼音文字，尤其是在 1916 年赵元任提倡字母化的英文文章《中国语言的问题》（"The Problem of the Chinese Language"）发表之后。然而，中国语言的多样性使得改用拼音文字面临着政治和应用上的双重挑战：其一，如果每种方言都采用一种文字，不利于增强民族凝聚力；其二，由于缺乏资金购买新的印刷设备，阻碍了为多种方言设计的新文字的广泛传播。此后，政府认为拼音文字只适于辅助用途。

　　与字母文字相比，对汉字进行简化似乎避开了这些语言表征问题。汉字简化有各种不同的方法。其中一种是历史学家孔思宇（Uluğ Kuzuoğlu）在其新著《现代性编码：全球信息时代的汉字》（Codes of Modernity: Chinese Scripts in the Global Information Age）中提出的所谓"文本挖掘"，即从大量文献中挖掘笔画较少的字符。汉字简化的最早倡导者之一陆费逵是这一策略的支持者，认为这一策略将减少扫盲所需的努力。另一位支持者钱玄同推进了陆费逵的论证，成为 20 世纪二三十年代文字改革的主要倡导者。钱玄同仍然主张汉字最终需要拼音化，但他认为中间需要经历 10 年左右的简化过渡期。

关于如何进行文本挖掘，大体存在两种不同意见。一种是对现存各类文本进行筛选，汇编数以千计的古代和当代汉字的简化变体。胡怀琛的《简易字说》和刘半农、李家瑞的《宋元以来俗字谱》是其代表。另一种是更多使用常用的当代缩写形式，而刻意回避古代文本。孔思宇指出，自 1935 年以来发表在《申报》和左翼报刊上的一系列文章吹捧的是"手头字"（handy characters），而非自由派改革者们提倡的简体字（simplified characters）。

一位默默无闻的文字改革者陈光垚自 1930 年代初开始倡导一种更激进的简化方法，呼吁使用"简字"。简字以减少笔画本身为目的，对几乎所有常用字都进行简化。

孔思宇指出，不同的术语——手头字和简体字——标志着支持者们不同的政治倾向。虽然两种简化汉字之间的差异很小，但前者表明了对于左翼的同情，而后者则表现出更为保守的倾向。我扩展了这一洞察的范围。越来越多的术语被用来指称笔画数量减少的字符。除了简体字，还有俗字或俗体字、破体字、手头字和简字，以及白字、简易字和简笔字。所有这些术语都杂乱无章地对应着不同改革者心目中的不同结局：有人认为简化只是中途站，也有人认为简化本身就是目的；这也反映了简体字的不同起源——文本挖掘或全新的发明。历史学者崔明海在《近代国语运动研究》中指出，简体字的众多术语也在某些受过教育的人中引起了一系列的对立——俗体与雅体、破体与全体、小写与大写，而这些对立反映了他们的阶级偏见。

因此，简化汉字的方法不止一种，而且各种方法都有来自不同政治派别的支持者。虽然左翼支持和右翼反对简体字的分歧在 1930 年代并未解决，但这正是国民党内部分歧的一种标志。事实上，晚至 1954 年，国民党内部还有人支持简化汉字。只是在中华人民共和国政府从 1950 年代开始推行与国民党 20 年前制定的相近的简化政策之后，国民党才开始自诩为传统中国文化的"保护者"，指责简化汉字是"文化破坏"行为。

简化的兴衰

本节展示关于 1936 年简化汉字政策的讨论是如何压倒性地集中在思想和意识形态层面的。

1935 年 6 月 4 日，国民政府教育部长王世杰向中央政治会议提交了由国语统一筹备委员会制定的《推行简体字案》。此案呼吁正式采用 324 个简体字，并于次年夏天生效。这一命令最初是专门针对教材的，简体字只被强制用于小学教科书。此外，这批简体字只是第一批，教育部设想随着时间的推移逐步增加简体字的数量。同年 9 月 27 日，此案获得批准。10 月 3 日，行政院指示，发行小学教科书、儿童读物和大众识字读物的出版机构应在 1936 年 7 月前开始使用简体字。这一指示包括一本 32 页的小册子《简体字表（第一批）》（教育部 1935 年 8 月版）。

然而，仅仅 4 个月后，教育部的文字简化政策就于 1936 年 1 月 23 日被废除了。一些人对此表示赞赏，认为简化汉字对于国家当前的迫切需求而言毫无意义，教育部应将重点放在民族危机教育和义务教育这类真正起作用的政策上。另外一些人则感到失望。以邹韬奋为代表的左翼人士相信，任何扩大文化准入的措施都意味着进步，因而，教育部阻挠普及识字的改革是一种倒退。

无论是支持还是诋毁简化汉字政策的人都对这一政策的迅速撤废感到困惑。过去 20 年中，学术解释一般都集中在国民党内部的意识形态对抗上。孔思宇认为，简化汉字政策的撤废可能是由于新生活运动中国民党的"反革命和本土主义迫害"。崔明海等人则集中谴责考试院院长戴季陶等国民党内保守派的反对。

失败的原因

本节使用迄今被忽视的档案来证明出版业在取消汉字简化政策上存在的物质利益。这些档案包括：上海市书业同业公会与教育部之间的一系列信函、政府预算记录和上海主要出版机构的财务业绩信息。利用这些史料，本节将证明为制作简体字和注音符号的新字模成本超出了出版机构的支付能力，而政府本身又不愿加以补贴。

上海市书业同业公会起源于19世纪的行业协会。1930年，国民政府为更好地控制行业，迫使所有出版机构加入这一组织。到1936年12月，上海市书业同业公会共有67家出版社。其中3家最大的出版社在南京十年期间几乎垄断了教科书的出版：商务印书馆占据教科书市场份额的65%，中华书局为30%，其余份额基本由世界书局占据。

1935年11月2日，上海市书业同业公会就汉字简化政策向教育部请愿。请愿书提出3点意见：其一，批评教育部逐步实施简体字的政策将迫使出版业不停地铸造新的活字，并使得旧字体的印刷物成为"废纸"，造成巨大损失。其二，排字工人的工作在新政策下将变得更加困难。其三，逐步增加简体字将给正字法带来不可接受的不稳定性。鉴于此，恳请教育部暂停推行简体字。

这份请愿书奏效了，汉字简化政策于两个月后被废除。《中央日报》《字林西报》和《北华捷报》的新闻都报道说，新政策取消的原因是出版社以执行上的困难为由提出了反对。

实际上，除使用简体字外，政府当年还要求出版业使用注音符号，以进一步普及识字。当时教育部曾与中华书局签约制作印刷注音符号所需活字，并拨款 2 万元。这笔款项只占教育部 1934 年年度预算（52.8 万元）的 4% 不到，但几乎是国语统一筹备委员会 1934 年的全部预算。即便如此，中华书局仍然为制作字模的总数量与教育部讨价还价。

虽然我们尚不知道印刷简体字的直接成本，但有一间接证据可用来估算。陈光垚曾提出一项个人的简化计划，预算包括 18 个月共 4500 元的津贴以及 3 万元的建立简体字印刷厂的费用（生产 2 万个简体字字模）。这可以被视为制作一套简体字字模的成本上限。

这样，制作一套简体字字模和注音符号字模的总成本约 5 万元。商务印书馆 1935 年盈利 104 万元，可以承担这一成本。然而，中华书局在 1930 年至 1937 年间的年利润在 17.6 万元到 24.7 万元之间，1936 年总资产排名第五的大东书局仅有 16 万元总资产。对于更小的出版社来说，推行简体字和注音符号则意味着破产。

那么，公共拨款的情况呢？就目前所见，中华书局是唯一一家获得政府补贴的出版社，其他出版社被要求自行购买注音符号字模。由于商务印书馆是唯一一家能轻松承担简体字字模和注音符号字模双重成本的公司，如果政府想要推广简体字，就不得不资助多家出版社。但仅扶持两家出版社的花费便高达 10 万元，占教育部总预算的近五分之一。简言之，国民政府根本没有钱来推广简化汉字政策，因为其财政优先事项绝对偏重军事开支。

语言的物质性

物质和经济因素是简化汉字政策失败背后意识形态争论的组成部分。广而言之，汉字简化的失败显示了南京十年期间国民政府在执行政策时所面临的挑战。政府依靠私人出版机构来执行其关于简体字和注音符号的政策，但除了商务印书馆以外的其他出版社都负担不起执行成本，政府又不愿加以补贴。因此，简体字在 1936 年从未付诸实践也就不足为奇了。

语言与其生产和再生产的物质及制度条件密切相关。语言具有社会生命，它作为交流工具的存在使其与使用它的社会和物质环境密不可分。简化汉字的首次尝试表明，文字改革固然是一个意识形态问题，但也具有重要的物质和经济维度。

（彭姗姗　摘编）

悄然扩散

早期现代中国纸张的全球史

德温·菲茨杰拉德

摘自：Devin Fitzgerald, "Spreading Without Being Seen: Towards a Global History of Early Modern Chinese Papers," *Ars Orientalis* 51 (2021): 105–132。

中国明清两朝生产、消费了大量纸张。然而，在全球史语境下的早期现代纸张生产与流通语境中，我们却几乎看不到中国这一纸张发明国的身影。中国纸张在早期现代全球史书写中的缺席，部分源自中国纸张在理念和实践层面的差异，文献将纸张视作标准化流程的产物，而实际上由于生产地区和品种的不同，纸张具有高度的异质性。通过研究纸厂印记这一新证据，我们能够揭示中国纸张贸易网络的新特征，这有助于阐明特定生产区域与消费区域之间的联系，并将原先视作单一整体的"中国纸张"概念细化成为不同市场生产不同纸张的不同地域类别。

早期现代中国纸张生产的虚构同一性

中国在明代生产了大量的纸张，这与大众需求的增长以及政治、经济的发展有关。纸张生产规模的急剧扩张与晚明日益增长的百科全书式倾向相一致，晚明人记录了手工业生产的不同形式。这方面最知名的记载当数宋应星的《天工开物》。正如薛凤（Dagmar Schäfer）所论，宋应星编纂的这部书并非工艺手册，而是一部探索变化之本质与阐释之"理"的一致性的理论性著作。在论及纸张时，宋应星将纸张分为两类：一是用各类植物韧皮纤维制造的皮纸；二是用竹子或麻制造的竹纸。宋应星不仅提供了关于纸张生产流程的描述，还首次利用图像来呈现其中的技术特点。他的意图并不是生产"技术知识"，而是试图阐明社会秩序的理想形式对不同生产工序的影响。

《天工开物》在后世催生出了众多图谱类作品，其中包括两套表现造纸术的册页，它们在 18 世纪末由耶稣会传教士蒋友仁（Michel Benoist，1715—1774）从中国送到法国。其中一套无款册页可能出自周开泰之手，他的印鉴多次出现在这套作品上。册页表现的是汉代官吏蔡伦发明造纸术的半神话故事，以《天工开物》的记载为蓝本绘制，但加入了众多新的图像与细节，每幅图像的对页上均配有说明性文字和（通常）摘自唐人的诗句。作为理想化的官吏，蔡伦代表的是仁爱的统治者，匠人在他们的指导下创造出一种对中国文化发展至关重要的产品——纸。官员、造纸术和文化之间的联结为中国纸张的辉煌提供了佐证。

另一套册页名为《中华造纸艺术画谱》（*Art de faire le papier en Chine*），它为我们提供了独一无二的细节。这套册页的绘画不如上述"蔡伦册页"精细，册页中也没有文字说明，前 18 开基本照搬了《天工开物》或"蔡伦册页"中关于造纸术流程的表现手法，但册页的最后 7 开（第 19—25 开）呈现了纸张的销售过程，这为我们了解纸张贸易提供了难得的证据。通常而言，此类册页的作用是标举与农耕相关的主题与道德，而《中华造纸艺术画谱》中却出现了商人阶层的形象。一家叫作"三元号"的纸铺（图 1）左右分别写有"本店自置南纸发行""言无二价"的广告语，店铺中至少有 9 种不同大小的纸张，此外，铺子里还有协助宣传的乐师。纸客订购纸张后，店铺先安排工人编制纸篓，再将纸张放入纸篓，并在纸篓上加贴标签。

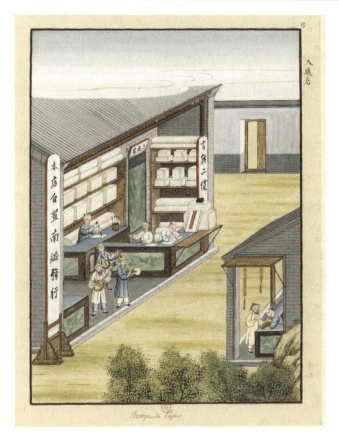

图 1　《入纸店》，选自《中华造纸艺术画谱》（1775）

上述 3 种作品将中国的纸张生产视作均质化的统一过程。它们的读者（观者）得到的是中国纸张在一个理想化的社会秩序中的图景。它们对造纸术进行概括，将其缩减为一些重要步骤，无法为造纸工人提供有效的具体信息，且忽视了明清两代中国造纸行业的复杂性和多元性。

日用书写纸张的物质性

对现存中国明清纸张的考察能让我们意识到，中国造纸行业面对的是一个广阔的市场，我们无法对中国纸张进行简单的分类。不同地区的纸张生产会用到相当不同的植物，这为纸张赋予了高度的异质性和地方性特征。部分中国鉴赏家知晓纸张的这一特性。宋应星明确指出："河南所造，未详何草木为质。"西方人早期关于中国纸张的记载也提到过这一点，例如，耶稣会传教士利玛窦（Matteo Ricci，1552—1610）就提到过纸张在中国人生活中的重要性，他还强调了纸张生产方式的多样化。最早尝试记录不同类型纸张的学者是费著（活跃于 1340 年代），他强调说纸有以人得名者。除此以外，不少纸以生产地而得名。总而言之，与现代之前的西方纸张相较，中国纸更薄、更柔韧，由于生产原料包括多种纤维，其色泽从棕黄色到白色不等。

虽然竹纸与皮纸之间有明显的差别，但我们还是能够借助它们的共性将其与东亚其他地区生产的纸张区别开来。例如，绝大多数中国纸一面光、一面糙，这与纸张需要上墙干燥有关。上墙时，刷子通常会在纸张上留下可见的痕迹。中国纸上一般没有高丽纸或日本纸上常见的桑皮纤维遗存，此外，中国纸通常氧化更快。中国在现代之前存在多种不同地区小规模生产的纸张类型。不过，由于中国造纸术发明、流传的年代极早，想要辨明某种纸张的生产地区和年代十分困难。

纸制品和纸张贸易

在早期现代，中国商品在全球范围内的流行程度大增，纸制品［书籍、工艺品（例如墙纸、扇子）］在全球贸易网络中流通。它们的流通渠道包括陆上商路与两条不同的海上商路。中国商人将其扩散到东南亚，特别是零星分布的华人社区；欧洲各大东印度公司也参与了纸制品贸易，与前者相较，它们的活动更为零散；此外，高端纸制品在东北亚和内陆亚洲多有流通。

1250 年，中国官员已经注意到在越南可以买到福建纸。欧洲人的到来改变了中国纸在东南亚的地位。荷兰人开始涉足中国纸张贸易，纸张出口到荷兰东印度公司的大本营巴达维亚（Batavia，今雅加达），并在亚洲其他地区出售。欧洲墨水酸性较强，容易腐蚀中国纸，且欧洲书写工具（例如鹅毛笔）较硬，在中国纸上书写不便，但由于印度尼西亚往往缺乏欧洲纸，因此中国纸常常作为替代品而得到使用。由于本地纸张不足，菲律宾的西班牙人同样大量使用中国纸来进行政府公文的记录和印刷。据统计，1740 年到 1754 年之间，马尼拉（Manila）进口了 189 吨中国纸，而进口欧洲纸的数量只有 1.4 吨。18 世纪末到 19 世纪初，中国纸以"印度纸"的名义在英国大行其道，这种与凹版印刷术极为匹配的纸张从广东大量出口到英国。

上述例子反映了作为生产材料的中国纸在世界范围内的流通。纸张的消费者关注的是纸张的用途，他们极少关心纸张本身。此外，人们往往强调中国纸的缺陷而不是优点，因此众多使用者实际上并不知晓自己用的是中国纸。

中国纸的辨识

对中国纸史研究者而言，辨识纸张的源头构成了一大难题。纸张无法进行细致的化学和显微分析，学界尚未发现辨别纸张生产地的有效手段。水印是西方造纸术的重要组成部分。从 14 世纪起，造纸商就通过在造纸网上编制金属图案来区别自己制造的纸张。水印对西方纸张研究而言十分有效。纸厂印记与水印有相似之处，我们可以借助新出现的纸厂印记库来解决辨识中国纸的难题。2012 年，张宝三提到了 3 种纸厂印记：第一种是长条形的夹有某一文字片段或数个文字片段的红、蓝色图案印记，或是长条形的仅有红、蓝色图案而无文字片段的印记（图 2）。这种印记在明末到清中期的书籍中十分常见，它在纸张成刀堆放时加盖在纸张侧面，最常见的情形是印记仅部分出现，我们无法知晓原始印记的全貌，因此较难进行研究。第二种是仅有字号与纸品的红色长方形印记，或是仅有字号的红色长方形印记。与第一种印记一样，这种印记也较难使用，字号名称往往太过普通，"吴正昌号""吴正有号"这样的名字无法提供关于生产地的具体信息。第三种是明言某厂、某号督造或选料的红色长方形印记，这类印记大多包含除了字号以外的丰富信息，例如"福建／安隆盛号本／厂督造洁白／荆川毛八太／史纸货发行"。

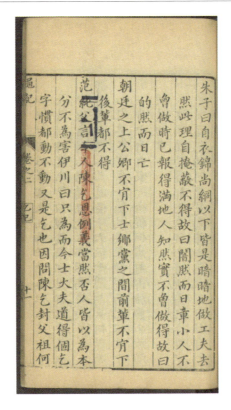

图2　仅有红、蓝色图案的长条形印记，选自钱一本《龟记》（17世纪），
哈佛燕京图书馆

张宝三提出的上述3种纸厂印记虽然是极为重要的发现，但我们很难利用它们来重构纸张贸易的情况。幸运的是，我们还能补充第四种印记——"商标印记"。在安娜贝拉·郑·盖洛普（Annabel Teh Gallop）提到

的一个例子里，印记不仅提到了出产省份、字号名称，宣扬了纸张的质量，而且提到了这一字号的具体地址。这类印记（图3）是清代福建、广东地区纸商的惯用印记。

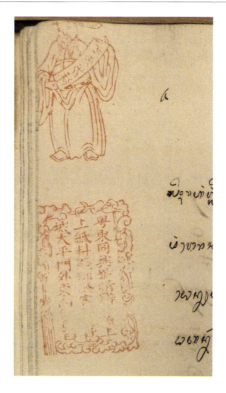

图3　商标印记，选自《潘吉的故事》（*Panji Angreni*）爪哇语手抄本（18—19世纪初），不列颠图书馆

随着纸厂印记数据的增长，我们能够完善相关印记的分类体系。东南亚新出现的纸厂印记库有助于我们了解中国南方纸商与国际消费者之间的纸张流通情况。一旦拥有数量足够的纸厂印记，我们就能知晓不同地区的纸张制造情形。

（郑涛　摘编）

B 面的张力

全球留声机产业与 20 世纪早期北京的曲艺表演

时昱

摘自：Yu Shi, "Tensions on the B-Side: the Global Gramophone Industry and Quyi Performances in Early Twentieth-Century Beijing," *Twentieth-Century China* 47, no. 3 (Oct. 2022): 223–242。

1907 年，法国百代唱片公司（Pathé Records）把留声机录音项目介绍到了中国，收录了谭鑫培、地下女歌手、男性说书人等一系列曲艺表演者的声音。此文由这一项目切入，呈现了现代商业媒体和本土娱乐业之间复杂的遭遇过程。在那之前，我们通常把现代媒体的引介突出为一种现代进步叙事，但是作者认为这种线性史观淹没了传统社会遭遇现代性的多层次性和双刃剑的效果。文章并不只是基于传统文本资料来理解这段历史，作者的研究素材包括 1907 年在北京开展的百代唱片公司留声机录音项目的录音，以及学者吴晓玲在北京二手书摊发现的配套目录（也被称为《北京唱盘》）——这些素材有助于拯救历史中的缄默者，让那些受教育程度不高，甚至是文盲的曲艺表演者，也可以被看到其进入现代性的经历。唱片的 B 面通常收录制作公司认为居于次要地位的作品和表演者，标题里的"B 面"也可以双关在百代留声机录音项目中被忽略的普通人，作者在文中重点书写了 3 类人在留声机到来时复杂而充满张力的体验。

第一个出场的是在百代唱片公司和北京曲艺界之间牵线搭桥的中间人乔荩臣。乔荩臣出身山西商人家庭，早年在同文馆学习英文，这使得他成为当时华俄道胜银行（Russo-Chinese Bank，由俄国、法国一起投资的银行）的总办。作者猜测，这样的商业网络使得乔荩臣和法国背景的唱片公司百代有了接触的机会。与此同时，乔荩臣还是一个扮演过老生的资深京剧票友。在城南的剧场受到义和团运动的牵连被悉数破坏以后，他在安民公所的支持下垄断了北京的京剧市场。乔荩臣和北京的演艺界、观剧公众有着密切的接触机会，这使得他可以为百代唱片公司解读地方艺术市场的需求和品位。

但是作者在一些历史细节中观察到了乔荩臣作为当时的社会维新派希望用新媒介来传播严肃艺术、进行政治教化，和唱片公司的盈利目标、商业规划之间的张力。在以彭诒孙（当时北京最著名的白话报纸《京话日报》创始人）为中心的北京维新派圈子中，乔荩臣是一名活跃分子，他曾经创作了一系列以老生为焦点的改良社会的剧目。从程长庚时代以来，老生在京剧中通常被用来塑造道德模范。虽然乔荩臣当初的剧本已经大多佚失，但是从他写作的剧目标题（比如《刮骨疗毒》《义烈奇缘》《潘烈士投海》）可以看出，乔当时希望在戏剧中用传统道德人物的忠烈来塑造维新派志士的形象。然而，百代唱片公司则基于商业追求和西方经验，要在唱片中收录女歌手来吸引更多的观众。在当时的北京，女性表演者是被禁止在公开场合演出的，百代唱片公司最后找到的都是一些从事地下表演的歌妓。在乔荩臣看来，这些女演员的加入有损于他想要利用传统戏剧来进行社会教化的规划。为了避免京剧成为"淫戏"，在《北京唱盘》中，乔荩臣把可能有调情意味的男旦角色排除在外；这些京剧唱片中的角色一半是老生形象，留下的 8 个女性角色都是青衣（符合传统道德规范的女性）或者苦旦（命运悲惨的女性）的形象。

虽然乔荩臣作为维新派人士也提倡女性接受教育（希望女性成为有教养的贤妻良母），但是他在基调上还是维护传统的性别秩序。他认为女性表演者永远无法在艺术技能上和男性相提并论。即使 1912 年女演员获准在公开场合演出，乔荩臣仍然把女演员的成功归结为她们的"性别红利"，力主政府禁止这些"有伤风化"的表演。在协调1907年留声机录音项目的时候，虽然乔茇臣邀请了女歌妓加入，但其中没有人被允许演唱在乔看来属于高雅艺术的京剧；另一方面，为了获得救灾款，乔茇臣和他的维新派友人同年参与了由这些歌妓主持的慈善演出，并帮助登记善款——这些历史片段体现了乔茇臣作为维新派所面对的理想和现实之间的张力。

作者也留意到了乔茇臣在1907年留声机录音项目中面对的张力贯穿了他后半生中对于"现代性"的体验。1910年从银行离开以后，乔茇臣开始用怀旧的笔触在报纸上"菲薄摩登"（作者引徐凌霄对乔的评价），他惋惜民国时期戏曲表演屈服于盈利目的和娱乐性的需求，丧失了原来的教化性和艺术性。虽然乔茇臣很早就接触西洋文化，并为外国资本工作，但是他的传统道德观念和艺术审美，使他一直置身于一种历史中间人的体验之中。

作者在留声机录音项目中关注的第二类人是被百代唱片收录表演的女歌妓们。这24位女歌者，除了少数几位是当街卖唱的表演者，大多数来自高端妓院"清吟小班"，她们对自己被"色情化"也相当不满。这些唱片渲染表演者的歌妓身份（"校书"），让她们同质化地表演"窑调"（brothel songs）中悲剧性的、调情的女妓作为唱片的卖点——这就强化了女性只能表演艳情女子的刻板印象。不过，作者在历史的细节中发现了这些歌妓另外的面向。

1907年，为了给洪灾影响下的长江／淮河三角洲灾民筹集善款，歌妓桂凤领头倡导成立"花界慈善会"，并组织了现场慈善义演（1907年4月6日）。作者在这场慈善义演的报道中，发现这些被百代唱片收录的女表演者各有绝活，而百代唱片公司看轻了她们的能耐：比如玉宝，她可以在《洪洋洞》这样的曲目中反串老生，技惊四座，而在百代的唱片中她只得到了唱两首窑调的机会；再比如小翠，她在现场表演了对口齿要求很高的绕口令，在演后点评中她得到了现场最优的评价，而百代唱片公司却让小翠在唱片中唱了两首艳歌。在百代唱片中，以本名曹桂喜出演的"黑姑娘"（后来被称为"女鼓王"），在后来的演艺生涯中以雄浑的唱腔著称，她最受欢迎的曲目是有关三国的历史戏《战长沙》，而百代安排给她的录音任务仍然主要是唱窑调，只有一首《罗成叫关》是历史题材。

　　百代唱片中也有来自"玉成堂"的女表演者。早年女性公开演出在北京被禁止，地下演出让外界把女表演者视为流娼；后来，女班的老板刻意向外界传达女演员"卖艺不卖身"的信息，强调自己是靠技艺做"硬生意"，"玉成堂"就是其中的佼佼者。这一表演团队的女演员从小接受传承，表演风格多样，并且能和刘宝全这样的男演员同台竞技——其专业性在一定程度上受到公众认可。但是百代唱片公司并没有把玉成堂的女演员和歌妓区分开来，对她们统一使用"姑娘"这样的暧昧称呼。不过，由于班主的努力，玉成堂的女演员避免了在百代唱片中去演唱那些带有色情意味的窑调。总而言之，百代留声机录音项目打造女演员的风情作为唱片的卖点，压制了这些女表演者展现自己的艺术技能和专业追求。

　　作者在文章中讨论的第三类人，是以"鼓王"刘宝全为代表的传统曲艺艺人。在百代找到刘宝全之前，他已经在业界声名鹊起，有自己的成名鼓曲（《长坂坡》和《单刀会》），也组织了以自己名字命名的演出团队（"宝全堂"），然而在百代的唱片中，刘宝全仅仅录制了入门级的短幅满族民歌《小岔》。为什么刘宝全在留声机录音项目的录制中放弃了自己的长项？历史没有就此留下文字记载，但是作者认为通过 1936 年刘宝全和梅兰芳的一次对谈，可以了解到他当初对留声机录音项目的不满。刘宝全在对谈中提到，留声机录音项目要求的精确时间限制"捆住"了自己的表演。因为传统曲艺表演的魅力在于艺术家的忘我、忘时和超时，而留声机受材料属性和标准化工艺的影响，有"3 分钟"的时间限制，这就挑战了曲艺表演在时间上的弹性，破坏了演出的节奏。更重要的是，留声机录音取消了演员和观众之间的互动，消解了现场演出的"滋味"，这是现代媒介对于曲艺表演更大的挑战。刘宝全这样的曲艺表演者通常是通过和观众的互动来即兴表演的，虽然演出的内容和长度也会根据观众的不同而作出调整，但是并不是用留声机这样冷冰冰的机器取代观众来表达需求。在现场演出中，表演者可以知道自己文化产品的完整周期：取悦谁，效果如何；同时，他们也有自己作为"艺术家、文化生产者和销售者的能动性"。然而，在百代的录制项目中，表演者成了"文化生产流水线中孤立的一个齿轮"，即使像谭鑫培这样的大家，也对自己的演出目标和演出价值感到迷茫。由于刘宝全的名气，他后续又被邀请录制了一些自己的表演，并且也有了更长的表演时间。但是，纵然是频繁参与留声机录音项目，刘宝全也没有习惯这种文化生产形式，他强调自己在录音中使用的声音技巧有别于他的舞台演出。

总之，1907 年的留声机录音项目呈现了全球资本、现代技术与本土文化政治的复杂遭遇过程，在此基础上，作者强调 20 世纪初期中国出现的现代性是充满张力、内外相互渗透的，任何单一动力说或者二元思维都是有局限的。就如作者在文末点出的那样，《北京唱盘》的历史命运已经超出了百代唱片公司和曲艺演出者的预期和控制；尽管百代唱片公司处心积虑地想要用女性表演者的艳情小调来吸引消费者，但是这批光盘中最终被保留下来的还是那些曲艺大家（比如谭鑫培、刘宝全）的演出；尽管刘宝全不满意自己当时的演出，但是得益于他的名声，这些光盘仍保留至今。

（朱宇晶　摘编）

成为劳工

中国新文化运动时期的劳动认同

朱萍

摘自：Ping Zhu, "Becoming Laborers: The Identification with Labor during the Chinese New Culture Movement," *The Journal of Asian Studies* 82, no. 1 (Feb. 2023): 25–43。

作者通过对 20 世纪早期一系列文化和文学作品的解读，回溯新文化运动的知识分子对于"劳动"内涵的探讨和阐释。这些思考和中国进入资本主义世界体系的阶级、民族议题相联系，也体现了其时本土改革者对于外来思潮（马克思主义、无政府主义等等）的能动性吸收。更为重要的是，这些社会讨论反映了当时知识分子是如何设想理想的劳动和劳动者身份的——这些思考对于当下有关劳动价值、劳动异化问题的探讨，也仍是富有启发的。

第一，作者在文中回顾了晚清维新派和无政府主义者对于劳动和劳工的思考。在中国古典作品中，"劳动"一词往往和"麻烦""不易"等内涵联系在一起，并且奉行儒家"劳心者治人，劳力者治于人"的社会等级观念。20 世纪前 10 年，这一传统概念开始被两股外来思潮改写内涵。一股思潮来自传教士和晚清维新派。1893 年，传教士李提摩太（Timothy Richard，1845—1919）在《万国公报》上连载了题为《生利分利之法一言破万迷说》的文章，向中国介绍亚当·斯密的经济理论。他在文中传递的观念影响了一批晚清维新派人士，比如严复、梁启超。他们推崇资本主义的生产劳动，认为当更多的中国人进入这种生产劳动，中国自然也会成为富强国家。另一产生重要影响的思潮来自无政府主义者。克鲁泡特金（Пётр Алексеевич Кропоткин，1842—1921）的"互助"（mutual aid）理论和废除劳动分工的主张影响了蔡元培等知识分子。日本社会主义兼无政府主义者幸德秋水的作品《社会主义神髓》也被翻译成中文。当时中国的无政府主义者把尊严和劳动联系在一起，把体力劳动、自力更生视为美德，认为将来的平等社会应该让大家平均分担体力劳动。

之后"新文化运动知识分子对于劳动的重视既融合了晚清维新派和无政府主义的论点，又对其进行了发展"。当时的《新青年》杂志是讨论劳动议题的大本营，李大钊和陈独秀等左翼知识分子继承了维新派用生产力来衡量劳动的观念，同时又把劳工阶级和弱国联系在一起，警惕中国受外国资本的剥削。在他们看来，"只有中国成为像苏联那样的劳工国家，中国人民才能获得解放"。与此同时，他们也建构了一个更具包容性的劳动者身份来聚合中国人。梁启超从墨子那里找到理论资源，强调依靠自己劳动生活的道德性——所有勤劳的人都能得到尊敬。"成为劳动者"在近代中国成为一种强有力的身份动员。

与此同时，作者又详细讨论了新文化知识分子在思考劳动议题时面临的一些内在张力。首先，他们要把"劳工神圣"和他们抵制资本剥削、反抗异化劳动分离开来。虽然作者认为1919年的陈独秀还没有机会了解马克思"异化劳动"的概念，但是陈那时候已经发展出了类似"异化"理论的思考。他把自主的、对社会有用的神圣劳动和"挣工分"、受剥削的资本主义劳动区分开来。对于如何实现神圣劳动，那个阶段的陈独秀畅想从伦理角度、用"同情"（sympathy）的理念建构新的劳动文化。在他看来，"同情"能唤起不同阶层之间的同胞之情，使得大家换位感受弱者的困境，帮助他们获得尊严和自主性。之后，陈独秀又借用美国社会学家富兰克林·亨利·吉丁斯（Franklin Henry Giddings，1855—1931）的"同类意识"（consciousness of kind）来进一步阐发他如何想象一个不同阶层和解的社会。他认为人类在同类意识充分进化以后，就会意识到受剥削的体力工人和妇女都是同类，从而导向扶弱抑强的社会伦理。陈独秀的"同类意识"和早年康有为的"同情"理念是相呼应的。而康氏的"同情"理念则受儒家"仁"观的启示，认为"它是一种主体间的情感，超越种族、民族、阶级、性别以及所有其他社会等级制度的差异"。本着这种人道主义的观念，新文化知识分子批判了资本主义社会中被物化（reified）的人际关系。他们用"牛""马""机器"等词汇形容资本剥削下的劳动者境遇——人力车夫被视为这种劳动者的典型代表，因而这一时期出现了很多有关人力车夫的文学作品和研究报告。这种对劳动者被物化的同情又延伸到了对女性身体被物化的体察，使得改革劳动关系的倡导和性别运动交织在一起。

第二，作者关注了新文化知识分子对于劳动分工的创新性见解——他们试图改革之前对于脑体分工的刻板印象，提倡脑体结合的全人劳动观。20世纪初期的无政府主义思潮挑战了传统观念对于体力劳动的贬低，让脑力劳动者产生了要证明自己的劳动具有"社会有用性"的焦虑。受马克思主义浸润的新文化知识分子"倡导脑力劳动和体力劳动相结合"，甚至认为"取消劳动分工是新文化运动的中心任务"。李大钊是其中的先驱，他建议知识青年下乡，种地耕田的同时担起教育大众的任务，过一种对他人有益也对自己有益的生活。在他看来，城市生活受到殖民影响是堕落的，青年到农村脑体结合，有助于传播无产阶级文化和意识。其时还是进步青年的戴季陶也认为，体力劳动（"用手"）和脑力劳动（"用口"）的结合是人类区别于其他动物的进步之处。体力劳动创造物质世界，脑力劳动推进文化发展。他批判资本主义社会垄断了人类"口"的功能，劳动者只留下两只手的价值——这"不仅是社会不公的根源，也是文明停滞不前的原因"。在这种思潮的影响下，当时出现了一些自组织的、取消劳动分工的实验，比如"工读互助团""留法勤工俭学运动""新村运动"。"这些实验是短暂的，但是它们为中国革命设定了具体的目标：如何取消脑体劳动的分工，让每个人都过一种作为人的完整生活，创造一个'各尽所能、各取所需'的新社会。"

第三，作者也分析了新文化运动中的作家群体如何理解文学创作和劳动之间的联系：如何在强调劳动实用性追求的同时，给文学/艺术创作的审美追求赋予价值和正当性？当时云集左翼作家的"文学研究会"对同时期的鸳鸯蝴蝶派进行了猛烈抨击，认为后者只是提供消遣，没有对社会产生深刻的现实影响。茅盾担任《小说月报》主编以后，杜绝了鸳鸯蝴蝶派作家在《小说月报》发表作品。但是另一方面，田汉等文学创作者试图找到劳动和文学之间的共性和联系。作者引用本杰明·金德勒（Benjamin Kindler）的表达来展开其时田汉的论述：诗歌和劳动面临共同的历史处境——被资本主义的抽象化和异化所贬损；田汉认为，只有把劳动和诗歌融合起来才能修补这种被贬损的命运。作者在文中简述了沈禹钟的短篇小说《排字人》中的情节，用它表明资本主义社会的作家和体力劳动者（排字工）都受到了压迫和剥削，他们之间的这种共同处境是通过体力劳动者的观察和同情而被勾连起来的。对于如何处理文学创作和劳动的关系，作者注意到这一时期作家群体内部的分化："左翼作家通过自我道德要求和刻意的美学改革与劳动者保持一致，而鸳鸯蝴蝶派作家则通过文人的无产阶级化成为劳动者。"

在文末总结部分，作者高度评价了新文化运动知识分子围绕"劳动"所展开的想象和实践，并赋予其重要的历史意义。她认为这种回应资本主义政治经济的方式是独特而具有创新意义的，这些探讨和思考也对之后的中国革命产生了深远的影响。作者强调新文化运动的理论来源百家争鸣——"受到无政府主义、古典经济学、儒家乌托邦理想、社会主义、民族主义、反殖民主义和女权主义"的影响，其对于劳动者身份和劳动认同的建构是包容性的、动态的，非单一叙事可以概括。她也认为中国革命之后的路径和文化建设都留下了新文化运动的痕迹，比如：用劳动者的身份来动员知识分子和农民；设想脑体结合的新型劳动者；强调劳动的伦理基础，通过主体间理解（同情、同类意识）建立情感联结、建设互惠平等的民主氛围。

（朱宇晶　摘编）

风俗画与过渡期的北京
陈师曾的《北京风俗》册页（约 1915）

任薇

摘自：Wei Ren, "Vernacular Painting and Transitional Beijing: Chen Shizeng's Beijing Fengsu Album, ca. 1915," *Archives of Asian Art* 71, no. 2 (Oct. 2021): 191–218。

文人画家陈师曾（1876—1923）在清朝覆灭后的第三年来到北京，在《北京风俗》册页中表达了自己对这座处于过渡期的城市的迷恋。这套 34 开水墨设色册页生动地表现了典型北京街景中的底层市民，画中人物均源自写生。它是陈师曾绘画生涯中的重要转折点。作为当时中国最后一代文人的领军人物，陈师曾迫切地想要建立具有全新主体性的绘画表达方式，而这套册页作为北京风俗视觉载体的功能，不过是前者的副产品。然而，出于对册页主题和题跋的关注，论者往往忽视了它的风格和技法创新，这点在笔墨上表现得尤为醒目：他曾有意避免使用与水墨画相关的流畅线条与提按。册页中的线条包括完全省略轮廓线，刻意强调的粗重线条，受金石风格影响、粗细毫无变化的线条，近似于影线效果的重叠线条。

学界对陈师曾的研究主要关注他对中国水墨画理论的贡献，特别是他对文人画进步元素的强调。学者们在指出《北京风俗》展现了西方绘画风格的影响时，往往论及此册页的社会现实主题，或陈氏在东京学习时所接触到的西方风格绘画。但还应看到，陈师曾刚到北京时就创作出这套在风格和技法层面充满实验性质的册页，这为他之后确立中国艺术理论的官方叙事（所撰写的《文人画之价值》和所译大村西崖的《文人画之复兴》）奠定了基础。此外，这套册页不仅是重构风俗画的结果，还在现代中国开创了漫画这一体裁。它为我们理解民国初年这一关键时期的现代绘画实践提供了重要的图像证据，还左右了此后中国绘画的发展道路。

风采宣南

1910 年代中期的北京处于缓慢而显著的转型之中，作为出生于湖南的江西人，陈师曾对北京并不熟悉。陈师曾自幼接受传统诗书画训练，1898 年入江南陆师学堂附设的矿路学堂学习西方科学与语言，1902 年东渡日本，就读于东京高等师范学校博物科，1909 年回国。东京是当时东亚最为现代化的城市，在日本的留学强化了他对民国北京的视觉和文化特质的感知——民国成立后，大批南方知识分子来到北京，为民国政府服务，陈师曾就是其中的一员。宣南（宣武门以南）地区成为北京外城的文化、商业中心，陈师曾在宣南地区与《北京风俗》册页中表现的人物交往、邂逅，并受到该地丰厚历史底蕴的滋养。

宣南地区拥有醒目的文化特征，它在民国初年拥有 500 多家会馆，根据西德尼·戴维·甘博（Sidney David Gamble，1890—1968）所作的调查，宣南是北京的餐饮业与戏剧业中心，还建有电影院、台球厅等众多现代娱乐设施。这里同样有大批底层居民。陈师曾的主题选择和题跋表明，这套册页的潜在创作缘由是以整体性的视觉手段表现北京独特的社会风尚。金城以篆书为此册页题写了"风采宣南"4 字引首，表现出观者对宣南文化的痴迷与认同。

题跋

《北京风俗》册页共有 62 段题跋，按照最初的装裱形式，互为对开的题跋与画作是一个有机整体。陈师曾通常在画作上留有自题，但此册页的题跋均出自他人之手（只有一个例外），这表明他不愿赋予这套作品固定的解读方式，于是为题跋者的自由解读留下了空间。考察重要题跋者的身份能够揭示这套册页最早的一批观者对此册页的看法。

陈霞章贡献了18段题跋，他是传统文人在不熟谙任何外语的情况下转型为现代知识分子的典型代表，他在口译者的帮助下，以文言形式翻译了大量英文名著。在一开表现文士购菊的册页上他题写道："无聊十载客京华，点缀重阳有菊花。只惜粗材真似婢，一灯相对倍思家。"（图1）将文人形象置入册页中表明，陈师曾、陈霞章这样的文人不仅仅是宣南生活的旁观者，他们还是宣南日常生活的参与者。

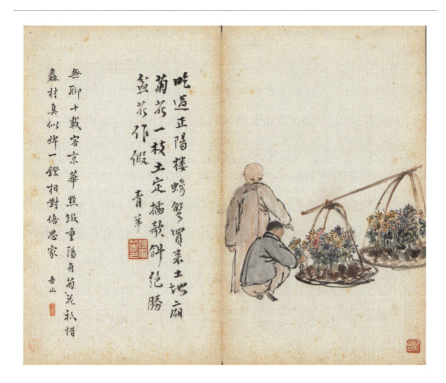

图1　陈师曾：《北京风俗》之《买卖菊花》（约1915），纸本水墨设色，
28.6 cm×34.6 cm，中国美术馆

1920年代，此册页转入梁启超之手，在此后20年中，郑午昌、童大年等重要人物同样在画作上留下了题跋。借助这些题跋来理解这套册页部

分掩盖了陈师曾在风格方面的成就（新颖的构图、不同寻常的透视效果、有意识地切割画面、自反性的笔墨、画面整体的暧昧基调），这一倾向反映了从绘画本身提取意义的困难。

自在笔墨

学界过去对《北京风俗》册页的讨论围绕着19世纪民族志凝视所隐含的暴力展开，这种观点认为此册页表现的中国人形象证明陈师曾在描绘都市贫民时部分内化了这种凝视。可实际上，这些画面和题跋拥有悲伤、赞许、好奇、骄傲、讽刺、幽默等多元特征。中国文人阶层素来对表现下层人物的画作留有兴趣，不过陈师曾是第一个亲自描绘这一主题的文人精英。陈师曾虽然知晓民族志表现手法，但此册页的主题和风格选择主要源自汉代石刻和西方绘画技法。

陈师曾在自题中以篆书向吴昌硕致敬，这揭示出了这套册页的一个重要意图。他们两人均以金石审美趣味写字、作画、刻章，借由重新发现古代文化资源来挽救处于衰颓之中的中国艺术。我们可以在更广阔的20世纪初民族主义历史语境下理解陈师曾对于金石学的兴趣，这是一种在遭遇现代性时为界定"中国"所作的努力：利用本土的视觉母题，为中国艺术恢复活力的时代需要催生了对于古物的图像兴趣。其中一个重要影响因素是通过日本从西方传入的"美术"（fine arts）概念。全新的雕塑、绘画和建筑三分法为汉代石刻的出版、分类和分析提供了新的思路。陈师曾在《中国人物画之变迁》中论及了汉代石刻，这反映了"美术"概念可以如何应用于古物。

除了题跋以外，《北京风俗》册页在人物表现上同样吸收了古物元素。选择人物画这一体裁本身就反映了汉代石刻的影响，后者拥有丰富的人物表现手法。作为画像石拓片重要收藏家鲁迅的好友，陈师曾在创作此册页时显然见过武梁祠石刻拓片。画册中人物多以正面形式呈现，这同样与汉代石刻的影响有关。陈师曾认为，中国绘画在汉唐之际具有进步性，随后在宋代开始衰颓。他推崇早期人物画的"真"，将唐代之前人物画的特征总结为线条没有粗细变化。在这套册页中，他用的正是没有粗细变化和提按的线条，这最大程度强化了笔墨媒介的表现力。他有意将人物面部特征留白或作含糊化处理，完全依靠非正统的笔墨和构图来表现视觉层面的复杂性和人物的心理特征。这或许就说明了，这套册页的突出成就在于利用中国笔墨颜料来达到接近西画媒介的效果。以《背炭者》（图2）一开为例，画中平行的干笔线条类似于用炭笔或铅笔画出的影线。在《捡破烂》（图3）一开中，大量没有提按的连续短线表现出抽象化的人物以及破旧衣物的效

图2　陈师曾：《北京风俗》之《背炭者》
　　　（约1915），纸本水墨设色，
　　　28.6 cm × 17.3 cm，中国美术馆

图3　陈师曾：《北京风俗》之《捡破烂》
　　　（约1915），纸本水墨设色，
　　　28.6 cm × 17.3 cm，中国美术馆

果。这种笔法削弱了笔墨媒介的经济性，却获得了中国人物画中从未出现过的视觉动态。除了线条以外，陈师曾还以多种形式展现了中国水墨晕染技法的潜力。他用透明的赭黄和灰色色块表现了"拾荒者"的身体，这种近似于印象派风格的抽象色块很少出现在中国传统人物画上。这套册页的另一开创性特色是不同寻常的视角，这为这些人们熟悉的人物赋予了一种陌生感。陈师曾采用了高视点、斜向视角、画面裁切等多种方式来构图。

社会现实与写生

除了效法西方绘画技法的效果以外，陈师曾还将写生手法运用到《北京风俗》册页的人物表现之中。册页上存在清晰的铅笔轮廓线，这表明陈师曾在画室中以水墨颜料完成画作之前曾以快速写生的方式记录了人物的形象。他并没有擦除铅笔轮廓线，它们是对现象世界进行真实观察的标志，表明这套册页是真实经验的产物，而不是源自既存的笔墨体系和母题。

创立于1918年的北京大学画法研究会为陈师曾提供了一个可以同时依靠中国古代传统和西方绘画技巧来革新中国绘画的平台。他的《中国画是进步的》一文便发表在会刊《绘学杂志》上。在现代中国画家吸收的西方绘画技法中，写生的象征性最为强烈。作为一种科学性的绘画技巧，写生有助于画家表现绘画的社会功能。《北京风俗》册页和《读画图》都表达了画家将水墨画改造为摹写现代社会现实的媒介的追求。在陈师曾的绘画理论中，绘画优于摄影术，后者只能表现没有生命力的物理现实。照片的日益流行促使陈师曾为绘画相对于这一机械手段的优势辩护。他并没有附和中国文人对于逼真的不屑，倒是通过写生这一过程展现了绘画的社会参与性。

"写生"一词具有双重含义，一方面它是一个经由日本传入的新词，表达的是西方的"写生"（En plein air）概念，另一方面它又是意为力求逼真的中国传统绘画术语。以陈师曾为代表的中国绘画理论家融合了写生的双重含义，较之直接观察，他更强调"记忆画"的重要性。他认为，直接观察并非实现视觉真实的手段，而是纠正中国绘画俗套的良方，它能让中国画家更为真切和深邃地理解创作对象。

从日本漫画到漫画

陈师曾将《北京风俗》册页视作自己在日本邂逅漫画的例证。陈师曾在 1909 年创作的《逾墙》（图 4）中这样定义漫画："有所谓漫画者，笔致简拙，而托意俶诡，涵法颇著。日本则北斋而外，无其人。吾国瘦瓢子、八大山人近似之，而非专家也。公湛吾友以旧绢属画，遂戏仿之，聊博一粲。"

图 4　陈师曾：《人物册页》之《逾墙》（1909），绢本水墨设色，
26.7 cm × 17.5 cm，中国美术馆

漫画并不存在于现代以前的中国图像传统中。但陈师曾的说法似乎强调的是中国素有这一绘画体裁。"漫画"一词在汉语和日语中写法相同，这使得陈师曾能借助这一日本绘画传统来形容葛饰北斋、黄慎（号瘿瓢子）、八大山人以及他本人在绘画风格和主题方面的共同之处。漫画为全新的文人－风俗画体裁提供了便捷的范畴特征。1814 年，北斋开始创作一系列漫画，以此指导身处外地的学生自学绘画。陈师曾在东京就读时恰逢日本风的余波传播到日本本土，这提升了北斋在日本的地位，因此陈可能并不知晓漫画的出身卑微。讽刺的是，为了提升日本传统艺术相对于新引入的欧洲艺术理念的地位，漫画逐渐得到理论化，并成为美术中的一个子类别。漫画在明治后期才成为常用说法。陈师曾在日本时接触过大量伴有漫画和讽刺画插图的杂志和报纸，他对漫画的理解可能融合了北斋的漫画和明治时代受欧洲现代艺术影响的插图，而后者又深受日本艺术的影响。中国此前固然没有漫画这一概念，但从 20 世纪初开始，讽刺画在中国的报刊上并不罕见。漫画这一体裁将图像视作设计母题，从而消除了不同画科之间的分野。陈师曾希望通过引进漫画来普及一种精英化的美学观念。以他为代表的中国学者试图效法日本艺术家和理论家，将文人画重构为具有自我表现力的现代进步艺术形式。

风俗画

与漫画一样，"风俗"这一概念同样融合了中日两国的视觉文化传统。风俗画在传统上并非中国绘画的科目，这一术语却能应用于某些特定类型的画作。《唐朝名画录》中有"风俗"一词，指的是表现平民日常和节庆活动的画作。后来，风俗画的范畴逐渐扩大，包含了大量不同主题和功用的画作。例如，清代的《太平欢乐图》《职贡图》以及广东外销街市百业图都可以纳入风俗画的范畴。

《北京风俗》册页的风格和主题均与上述风俗画大相径庭，而是与日本现代画家的风俗画实验联系更为密切。风俗画在日本源自平安时代表现高阶世俗文化中习俗的画作。安土桃山时代，领主对下层民众的兴趣与日俱增，这催生了风俗屏绘的兴起，它是江户时代木版画的前身。到了明治时代，理论家们开始用"风俗画"一词来指称西方风格的"风俗画"（genre painting），这是日本人在概念层面归化欧洲绘画范畴的努力之一。这样一来，日本的浮世绘和西方的外光法人物画就成了"等价物"。这消解了日本绘画传统与欧洲绘画传统之间的差距，并影响了中国人对风俗画的理解。明治末年的画册《当世风俗五十番歌合》与《北京风俗》册页有诸多相似之处。通过重新界定风俗画概念，它们就共同传播了一种融合了东亚与欧洲绘画风格的全新水墨画类型。

（郑涛 摘编）

艺术外交

勾勒冷战初期中国与印度尼西亚的关系（1949—1956）

李伊晴

摘自：Yiqing Li, "Art Diplomacy: Drawing China-Indonesia Relations in the Early Cold War, 1949–1956," *Modern Asian Studies* 57 (2023): 1707–1742。

文章主要以 1950 年代中国与印度尼西亚之间的艺术交往为中心，展示艺术交往在外交中的重要地位，以及第三世界国家间如何独立自主交往，跳出美苏两极对立的格局。

1950 年代中期，日内瓦会议（1954 年）和万隆会议（1955 年）后，中国和印度尼西亚的关系从敌对转变为友好交往，那么，两个新独立的国家为什么以及如何运用艺术外交来减少意识形态差异并促进商业和政治的和解，从而实现亚洲团结？对两国一系列艺术活动，特别是对中国复制苏加诺（Bung Sukarno，1901—1970）总统私人藏画和毛泽东主席赠送苏加诺总统中国水墨画的事件进行分析，可以发现，以艺术的名义进行的互动是中国作为一个独立的工业化大国的现代形象的体现。中国和印度尼西亚之间的艺术交流，既反映出战后新独立但意识形态不同的第三世界国家之间密集的文化联系，也反映出第三世界寻求自主道路的探索。

艺术交往是外交的一个重要方面。中国和印度尼西亚的文化交流获得媒体的大量报道，但没有受到历史学家的关注。虽然文化史学者越来越关注中国与印度尼西亚在文学、音乐、舞蹈、戏剧和电影等领域的交流，但视觉艺术交流尚未得到充分重视。而关于毛泽东时代（1949—1976）中国艺术史的现有研究，要么将视觉艺术置于国家框架内，强调宣传艺术形式（如年画、木刻画和海报）的价值，要么集中于中国对传统社会主义文化的亲和，强调现实主义绘画的制度化。事实上，1950 年代，中国积极寻求与东亚、东南亚、南亚、非洲和欧洲的非社会主义国家进行各种对话，因此，中国与印度尼西亚的艺术交流具有跨国和跨意识形态的背景。由政治领袖、外交官、文化代表和个人艺术家组成的中国 – 印度尼西亚艺术网络，共同为苏加诺收藏的绘画能够在中国出版作出了贡献。在关于核心军事和技术竞赛的冷战中，艺术品往往被低估，从而被视为微不足道，但是，关于文学在文化战争中的意义，富兰克林·罗斯福（Franklin D. Roosevelt，1882—1945）的名言明确表达了这一点："书籍是武器。"而视觉艺术在文化战场上发挥着同样重要的作用。中国与印度尼西亚在艺术领域的互动，包含并放大了各自国家本土艺术形式的传统，超越了西方抽象表现主义和社会主义现实主义两种主流艺术所定义的两极艺术景观。

中国与印度尼西亚之间的艺术交往同时意味着外交政策的独立自主。中国不再追随苏联的脚步，扩展意识形态框架界限，拓展和第三世界新独立国家的交往。为实现这种外交目的，艺术被作为一个切入点，用以跨越中国与非共产主义国家的政治和意识形态分歧。中国致力于与印度尼西亚的艺术交流，如复制苏加诺的艺术藏品、举办艺术展览，以及赠送水墨画，这些对两国关系由敌对走向友好起到了至关重要的作用。特别是苏加诺两卷本的印度尼西亚绘画作品，以其对山水、农商、母亲和儿童生活的生动描绘，向中国观众传达了对自然的普遍热爱和对全人类的同情之情。中国对印度尼西亚绘画的宣传，主题从宗教神话到反殖民革命，进一步唤起了两国对亚洲文化以及两国争取民族独立斗争的共同记忆，这些都有助于构建一个想象中的亚洲共同体。这种审美亲和力和情感共鸣主要是由绘画这种视觉语言所引起的，这有助于超越中国和印度尼西亚在过去 10 年中积累的政治隔阂。

中国和印度尼西亚之间的艺术交往建立在对彼此艺术形式尊重的基础上。具有独特的美学特征和政治意蕴的中国水墨画被选为国家礼物送给苏加诺，加强了苏加诺对中国艺术传统和现代工业成就的认可。毛泽东签名、齐白石与陈半丁合作的《松与牡丹》被赠送给了苏加诺，这幅画也体现了中国对和平的重视，这与苏加诺和周恩来在万隆会议上的主张相呼应。周恩来签名、徐悲鸿创作的《奔马》，则向苏加诺展示了徐悲鸿在抗日战争时期借鉴西方绘画技法发展起来的一种新的水墨画风格。值得一提的是，徐悲鸿在东南亚的华侨华人中享有盛誉，这也赋予了他笔下的马一种象征意义，那就是纪念苏加诺和周恩来在万隆会议期间签署的《中华人民共和国和印度尼西亚共和国关于双重国籍问题的条约》。张雪父的《化水灾为水利》则是新中国成立初期新国画的典范，将传统绘画形式、西方艺术的写实技法和社会主义建设的主题融为一体，特别是画中的佛子岭水库，向苏加诺展示了中国作为一个正在崛起的工业大国的新形象。齐（陈）、徐、张的上述作品揭示了 20 世纪中国不同时期水墨画的不断创新，建构了民族认同的中国艺术在国际文化语境中的话语。中国与印度尼西亚的艺术交流在为外交目的服务的同时，也提高了两国本土艺术形式发展的自觉性，将人们的注意力转向了对本土绘画的多样性的关注，这增强了两个新独立的亚洲国家的民族意识，巩固了他们之间的文化纽带。而巴厘岛绘画和舞蹈在中国的传播，使中国观众能够学习社会主义艺术形式以外的不同的现实主义艺术。此外，在观看中国传统艺术作品时，印度尼西亚艺术家受到启发，进一步探索其本土艺术形式。例如，在看到中国年画和木刻画上的本土形象后，苏加诺建议使用印度尼西亚的传统哇扬表演来表达政治理想。文化多样性的价值也体现在中国艺术代表团成员的不同政治身份和民族中。苏加诺访华后，中国政府继续宣传《苏加诺总统藏画集》。1959 年，中国政府将这部画集的前两集连同《毛泽东诗词》英译本一起送至莱比锡书展。1961 年苏加诺第二次访华时，中国政府举办了苏加诺的画师杜拉的个人画展,出版了《苏加诺总统藏画集》的第三集和第四集。1964年苏加诺第三次访华期间,第五集和第六集出版。这部全六集的画集包含了苏加诺收藏的576幅油画,出版历程从1956年延续到1964年,伴随着苏加诺的3次访华。正是在这一时期,苏加诺公开提议恢复新中国在联合国的席位。

1950年代中国和印度尼西亚艺术交流的基本事实超越了美苏对立的冷战格局。与书面文字不同,视觉艺术是无论识字与否都能理解的,它直接引起人们对艺术作品中所表现和暗示的情感的心理反应。巴厘岛绘画和中国水墨画以其独特的媒介和风格,提供了一种不同的艺术外交模式,这种模式超越了两个超级大国的主流艺术思潮——社会主义现实主义和资本主义抽象表现主义两种范式。但是,苏加诺下台后,中国和印度尼西亚的艺术交流逐渐减少。1965年9月30日的政变发生后,印度尼西亚许多被认为是共产主义者的艺术家遭到迫害,而到了苏哈托(Suharto,1921—2008)时期(1967—1998),中国与印度尼西亚间的文化交流在大部分时间内出于中断状态。

(赵刘洋 摘编)

共产主义的突破

香港如何成为中国共产党的信息和物资交换枢纽（1930—1949）

贺碧霄

摘自：Bixiao He, "The Communist Breakthrough: How Hong Kong Became a Nexus of Information and Material Exchange for the Communist Party of China (1930–1949)," *American Journal of Chinese Studies* 28, no. 1 (Apr. 2021): 13–30。

文章细致回顾了香港如何由一个上海和苏区之间的中转站发展成为中国共产党跨国网络枢纽的历史。过去中共党史对于香港的关注，更多集中在对其特殊地理区位的讨论，试图分析这种特殊性如何便利了中共在港建立地下组织和从事宣传；也有研究关注中共在香港实行的统战、宣传策略，分析它如何走向成熟并在全国推广。作者认为这些研究还是忽视了香港作为中共跨国网络枢纽的价值和意义；她在文中试图展现中共如何经由香港连接东南亚、结交苏联，从海外吸收人员、情报和资金，最终促成中国革命的胜利。

首先，作者在文中分析了中共在 1930 年代的战略变化及其对香港的影响。上海是中共早期的重要城市根据地，1930 年伊始，为了绕过南方国统区的控制，把上海的人员、物资转移到江西苏区，中共在香港九龙设立了中共中央南方局秘密电台，之后又建立了中央交通局直接领导下的华南交通总站。就这样，香港成为连接上海和中央苏区的中转站。上海的共产党员和共产国际派来的专家先是到达香港，然后经由潮汕抵达闽粤边界，经过游击队控制的永定县，抵达中共闽西特委控制的湖岗乡，最后被送去江西根据地。这条交通线也被用以传输重要文件以及运输盐、纸、药品、无线电通信器材等物资。1933 年，国民党特务部门对上海的中共组织进行了更为严酷的清查，这使得香港取代上海成为中共重要的运营基地。1934 年中共中央香港工作委员会正式成立；在中共中央海外工作委员会的掩护下，上海的物资和人员加速转移到香港。

在这之后，中共网络在香港和东南亚的扩散与太平洋战争、国民党对民主运动的镇压以及香港党支部的精英化都有重要联系。太平洋战争的爆发、1941 年香港的沦陷使得中共的部分宣传工作者和支持中共的民主人士迁往东南亚继续开展革命宣传活动。太平洋战争期间，中共在新界成立东江纵队港九大队，营救海外华人和国际友人，同时为抗日战争筹集物资。可以说，战时中共在香港和东南亚的活动，为在战后赢得更广泛的社会支持准备了条件。战后（1946—1948），游击队领导人和活跃在香港的重要左翼知识分子、民主人士建立了联系。与此同时，国民党对于民主运动的镇压使得它在知识分子和社会精英的心目中失去了合法性。1947 年，被国民党取缔的民盟转移到香港，和中共加深了联系。1948 年在香港召开的民盟一届三中全会，马来亚支部代表发出了"没有共产党的参与，中国无法获得和平"的呼声。这次会议引发了多米诺骨牌效应，在香港和南洋，越来越多的社会民主人士和中间派转向支持共产党，这使得中共获得了重要的人力、财力和意识形态资源。此外，香港在战后成为"南方革命的大熔炉"也得益于在港党支部的发展。在作者看来，1947 年中共在香港主持事务的领导层逐渐成为一个由城市知识分子领导的"精英团体"。她以其时新华社香港分社社长乔冠华和他的妻子龚澎为例：因为共同的知识背景，他们和香港以及南下的党外知识分子、民主人士、技术人员、进步商人保持了密切联系，扩大了共产主义在社会精英人士中的传播。

值得一提的是，战后港英政府对于中共在香港的发展，其态度是前后变化的，这种政治空隙也是中共的机遇。"1947 年到 1948 年上半年，中共人员可以在香港相对自由地行动。"1948 年 4 月，时任国民党广东省政府主席的宋子文到港，旨在督促港英政府协助国民党"剿共"行动。当时的港督葛量洪（Alexander Grantham，1899—1978）则主张港英政府在中国内部的政治军事对抗中保持"中立"，"只要没有违反法律，没有理由逮捕中共人员"。通过谈判，他们允许中共在香港设立广播电台和办事处。得益于香港相对宽松的新闻环境，中共把自己从事情报、电台广播和通信工作的人员迁回了香港。与此同时，中共也在香港低调地领导了 30 多个工会的活动，与洪门的两个重要分支——致公党和民治党建立了密切联系，并且在香港的金融、文化、教育和宣传部门中拥有 250 名自己的成员。

不过，1948 年后半年，由于东南亚独立运动的蓬勃兴起和国民党日益明显的颓势，英国议会询问外交部，"如果国民党在内地失去政权，英国是否应该放弃香港"，葛量洪在此压力下，在香港启动了对中共的全面镇压：逮捕共产党员，并出台新法遏制共产主义对于社会组织的影响。其时，中共党组织在香港的生存压力陡增；不过，中共在之前 10 多年的发展已经形成了以香港为节点连接国际社会和内地解放区的筹资、宣传和教育网络，这种网络规模使得一时的镇压改变不了中共全局的资源流动。新华社香港分社不仅在香港、新加坡，甚至在曼谷、伦敦和纽约也成立了自己的宣传和分支机构，继续为中共从事海外筹款活动。除此以外，中共在香港的宣传媒介还包括《华商报》《正报》和《群众报》。其中，《华商报》8000 多份订阅量有一半多来自香港之外。《华商报》背后的经营者是新民主出版社，中共用它打开了内地和海外的情报、通信联系，从而在上海和香港，香港和北方港口城市（烟台、天津）、沈阳、北京甚至朝鲜的城市之间运送人员和物资。1944 年，中共在港深边界设立公司，向运送物资去内地的公司收税，为解放区提供资金支持。东江纵队港九大队留下的精锐宣传工作者领导了中共在港的教育机构——香港达德学院（Ta Teh Institute），这座创办于 1946 年的学校同时也是香港民主人士和左翼知识分子的重要活动基地。1949年达德学院被港英政府关闭以后，它的教员、50多名学生以及其他民主人士由香港撤到天津，北上加入革命政权。

在文中，作者特别强调了香港在中共跨国网络枢纽中的位置。她在文中罗列了傅大庆、陈平这些曾任马共领导人的中国共产党人在内地、香港和马来西亚（马来亚）之间的流动，以此为缩影来理解香港和东南亚共产主义运动之间的联系。此外，文章也追溯了胡愈之、沈兹九、邵宗汉、夏衍、饶彰风、廖沫沙等人在东南亚的工作和活动——这些公开或地下的共产党员、民主人士，经由香港或者毗邻的广东到达南洋，并通过香港的情报、宣传网络紧密团结在一起；而他们在香港和海外的出色表现又使得他们在新成立的中华人民共和国担任要职。与此同时，中共也通过香港转移在东南亚被驱逐和被追捕的共产党员，一些东南亚党员通过香港北上到中央苏区、延安。为《华商报》从事解密和情报工作的人员是来自达德学院的东南亚华侨。值得一提的是，虽然中共和东南亚的共产主义运动存在千丝万缕的联系，但是作者认为中共干部在东南亚开展的筹款、宣传和信息搜集工作，主要服务于中国革命，他们并没有深入成为东南亚当地的革命力量。

此外，作者在文中也关注苏联与在港党组织的接触。美国中央情报局（CIA）的情报认为"苏联通过香港给中共提供了军事和商业帮助"，比如《华商报》的电台设备部分是由苏联资助的，为中共筹款的商人可以到苏联影响下的朝鲜地区经商，南方局也获准使用驻港苏联军舰上的秘密电台向外联系。对于当时的苏联来说，香港不仅有他们的商业利益，也有助于推进他们的宣传：他们把原来以上海为基地的宣传环路转移到了香港，在港亲苏的中共媒体向大众宣传苏联文献（比如《真理报》）和苏联事务。虽然到了1947年底，苏联在香港设立的官方贸易公司（Expothleb）被港英政府关闭，但是依托中共在香港传媒界打下的基础，苏联书籍和电影仍活跃在香港——尤其是劳动阶层的文化生活中。

作者在文末再次强调了香港在中共革命历史中的重要位置。一直以来，有关革命成功的叙事都集中在农村和农民动员的战略上，对于城市和农村如何连接缺乏充分的探讨。作者认为，1930 年到 1949 年间中共在香港的发展经验值得作为城市连接农村、陆地向海洋延伸的重要案例来研究。与此同时，香港并不只是一座城，它也是中共跨国网络的中心点，是其海外拓展的重要基地，此文也力图呈现"境内外的信息流、人员流和宣传流如何塑造了中国革命"。

（朱宇晶　摘编）

在香港新界精选民心
冷战时期边疆的农业和蔬菜市场（约 1946—1967）

吴国宝　弗洛伦斯·莫　王迪安 等

摘自：Michael Ng, Florence Mok, John Wong, et al., "Hearts and Minds in Hong Kong's New Territories: Agriculture and Vegetable Marketing in a Cold War Borderland, circa 1946–1967," *Modern Asian Studies* 57 (2023): 1931–1958。

　　本文以香港和伦敦已解密的档案为基础，同时结合前左翼人士的回忆录和当时发表的报纸文章，探讨了港英政府在宣传活动中为争取新界农民的政治支持而采取的策略。它希望通过对冷战时期中英之间在香港围绕土地和农业经济方面所展开的竞争，来揭示冷战在东亚农村地区的复杂面向。

　　冷战时期农业领域的竞争具有重要地位。美国领导的资本主义阵营认为，共产主义是充分利用了农民希望拥有土地和养活自己的愿望才实现了不断扩展的，而为了对抗"红色游击革命"，特别是在中国加入社会主义阵营后，西方国家开始在农业领域开展系列举措以期获得农民的支持，比如增加粮食生产、改善灌溉和水利基础设施以及合理化使用土地。因此，农业成为资本主义和共产主义围绕"发展"展开竞赛的重要领域。

　　香港则被认为是亚洲冷战的"中央战场"。美国、英国等西方国家认为，香港是防止共产主义在亚洲传播的堡垒，他们在香港投入巨资进行各种"反共"宣传。中国同样认为香港具有重要战略地位：它不仅是外汇的重要来源地，也是新中国向东南亚华人传播信息的枢纽；它当时支持东南亚各国的共产主义活动并向其提供补贴，工会和学校则组织相应活动以激发人们对民族主义和共产主义的支持。随着英国经济和政治实力的衰退，特别是在失去印度和苏伊士的重要基地之后，英国在香港的驻军在 1950 年代不得不大幅缩减。面对这些反对力量，港英政府选择的是遏制而不是镇压的策略，这就为意识形态竞争创造了一个宽松的环境。同时，国际社会对于殖民主义的批评也不断增加，港英政府面临合法性危机。加上当时来自内地的移民以及国民党军政人员的大量涌入，所有这些都使得香港成为一个更易受到政治渗透和社会动荡影响的地方。

这样一来，处于接壤位置的新界，自然就成了中英双方在农业领域展开竞争的中心。新界向港英政府供应粮食，而农民的支持则对这一区域的稳定和治理至关重要。因此，为消除蔬菜批发中间商，改善农民生活，减少香港对内地的粮食依赖，港英政府于 1946 年推出了蔬菜销售计划，将蔬菜批发业务集中在新界。中华人民共和国成立后，伴随着冷战局势的加剧，这一计划的功能发生了变化。港英政府通过建立蔬菜统营处（Vegetable Marketing Organization, VMO）来对抗共产党控制的（侨港）种植总工会日益增长的政治影响力和反政府活动。

另一方面，为动员香港民众支持，中国共产党根据香港的政治、经济和社会环境的具体情况，调整了统一战线战略。比如，利用新界欠发达的农村社会福利制度，向新界的农业社区提供物质支持，而不是仅仅采用意识形态方法。而（侨港）种植总工会在农民中影响力的不断扩展，则为港英政府改造 VMO 计划并扩大已有的合作社提供了动力。

但是，政治最终压倒了经济。港英政府最后选择的是去严厉压制香港农民和加强对农业的全面控制，从而结束了中英双方在这一领域的竞争。然而，港英政府对香港社会的压制并没有消除左派对香港农村的政治影响，这种影响一直持续到了 1997 年香港回归中国。

（赵刘洋　摘编）

专题二

翻译的哲学、哲学的翻译与中文

迈克尔·N. 福斯特　吉多·克赖因斯　关子尹

摘 自：Michael N. Forster, Guido Kreis, Tze-wan Kwan, "The Philosophy of Translation, the Translation of Philosophy and Chinese," *Journal of Chinese Philosophy* 50 (2023): 219–224。

为庆祝《中国哲学杂志》（*Journal of Chinese Philosophy*）创刊 50 周年，本卷专门讨论翻译问题，尤其是西方语言与中文之间的关系问题。《中国哲学杂志》长期致力于促使西方更好地了解中国。在这一使命从未如此迫切的当前历史时刻，不同文化之间几乎所有理解的基础和必要条件——"翻译"这个主题，显得尤为恰切。

在西方，古希腊文化相对自足且占据支配地位，因而古希腊人几乎不需要翻译。罗马人在文化上依赖古希腊，则需要将古希腊作品翻译成拉丁文，翻译以及随之而来的翻译哲学或理论，遂成为西方文化的核心关注点。

19 世纪之前，中国的情况类似于古希腊。虽然也有一个显著的例外，即汉唐之间大规模的佛经中译，但这似乎并未产生多少翻译哲学或理论。19 世纪之后，随着中国受到西方帝国主义的掠夺，更好地了解西方思想的需求变得益发紧迫，翻译以及翻译哲学或理论也随之在中国发挥着日益重要的作用。

在西方，自 18 世纪末 19 世纪初以来，翻译的实践和哲学（或理论）产生了重大分歧。一些人倡导并奉行"归化"（domesticating）方法 [17、18 世纪法国"不忠实的美人"（belles infidèles）的传统以及更晚近的尤金·奈达（Eugene Nida，1914—2011 ）]，另一些人则倡导并奉行"异化"（foreignizing）方法 [典型例子是施莱尔马赫（Friedrich Schleiermacher，1768—1834 ）以及晚近的安托瓦纳·贝尔曼（Antoine Berman，1942—1991 ）、劳伦斯·韦努蒂（Lawrence Venuti，1953— ）和芭芭拉·卡辛（Barbara Cassin，1947— ）]。

关于归化翻译法和异化翻译法的争论，主要是在印欧语系各语言（梵语、希腊语、拉丁语、德语、法语、意大利语、西班牙语、英语等）及希伯来语之间的翻译中产生的。希伯来语虽然是闪米特语族西语支的一种，但与印欧语系语言较为类似。故而，如果将与印欧语系差别较大的中文纳入考虑范围，可能会带来新的重要启示。

迄今为止，在这一理论背景下对于中文的关注主要由法语学者垄断，尤其是弗朗索瓦·朱利安（François Jullien，1951— ）和毕来德（Jean François Billeter，1939— ）。粗略而言，在如何将中文翻译成法语等西方语言的问题上，朱利安赞成异化方法，而毕来德则主张归化法。

本卷共收录 6 篇文章。迈克尔·N. 福斯特、张逸婧和关子尹分别撰写的前 3 篇文章，主要围绕上述异化与归化方法的对比，讨论了中文翻译的一般问题，而后 3 篇文章则提供了哲学和数学术语翻译的个案研究。

这里摘编前 3 篇文章。

异化翻译法与中文

迈克尔·N. 福斯特

摘自：Michael N. Forster, "Foreignizing Translation and Chinese," *Journal of Chinese Philosophy* 50 (2023): 225–242。

18 世纪末 19 世纪初，让·勒朗·达朗贝尔（Jean le Rond d'Alembert，1717—1783）、托马斯·阿布特（Thomas Abbt，1738—1766），特别是赫尔德（Johann Gottfried von Herder，1744—1803）和施莱尔马赫发明了一种新的翻译方法，这种方法在今天往往被称为"异化"翻译法，以与"归化"翻译法区别开来。

这种方法后来成为 19 世纪和 20 世纪翻译理论的主要方法，并激发产生了许多变体。然而，其原初版本——尤其是赫尔德和施莱尔马赫的版本——比后来的变体要好得多。例如，著名的瓦尔特·本雅明（Walter Benjamin，1892—1940）的翻译理论，不过是在继承了施莱尔马赫方法的基础上增加了一种受到宗教启发的可疑观点，即一种独一无二的原初语言在底层暗中支撑着所有翻译。

本文首先简要介绍赫尔德和施莱尔马赫提出的革命性的异化翻译法，然后考察他们在发展其方法时所忽略的一种语言——中文如何在某些重要而富有成效的方面使得这一方法变得更加复杂。

一、异化翻译的核心方法

本节考察赫尔德和施莱尔马赫方法的核心原则，及其各自版本的一些重大差异。

他们的翻译方法基于对启蒙运动时期常见假设的两个重大突破。首先，与许多启蒙思想家假定思想或概念与语言或文字之间的关系属于某种二元论相反，他们发展出了一种新的语言哲学。这种语言哲学预见并推动了20世纪的语言哲学，认为：（1）思想本质上依赖于语言，并受到语言的制约。（2）一个词的意义并不在于原则上可与语言分离的各种实体［柏拉图的理念，奥古斯丁（Augustine of Hippo，354—430）所谓"所指称的对象"，《波尔－罗亚尔逻辑》（Port-Royal Logic）、约翰•洛克（John Locke，1632—1704）、休谟（David Hume，1711—1776）和孔狄亚克（Étienne Bonnot de Condillac，1714—1780）的个人头脑中的主观观念］，而在于这个词的用法或使用规则。此外，他们还认为一个词的意义在本质上总是取决于使用这个词的人的某些（知觉的或情感的）感觉。

其次，与启蒙运动时期流行的关于语言和思维的某种普遍主义相反，赫尔德和施莱尔马赫信奉反普遍主义，认为人们的语言形式、概念、信仰、伦理和审美价值观、知觉和情感、文学流派、音乐形式等等在不同时期、不同文化之间，甚至在同一时期、同一文化中的不同个体之间，也在一定程度上存在着巨大差异。

赫尔德和施莱尔马赫认为，好译本的首要职责是尽可能忠实地再现原文的含义，第二项职责则是尽可能地忠实于原文的形式，尤其是其音乐形式（如有）。由于他们的反普遍主义，做到这两种"忠实"要比启蒙运动通常所假设的困难得多。

那么，如何做到忠实呢？他们认为，只有两种策略：要么译者牺牲目标语言独特的语义和音乐特质，以尽可能忠实于源语言；要么相反。但他们反对后一种策略，因为它不忠于原文的意义和音乐，也不尊重作者及其文化，还错过了通过翻译从概念和音乐两方面丰富目标语言的机会。

那么，如何才能真正实施前一种策略呢？他们认为，首先，译者必须

是翻译 / 阐释两种语言的专家，这就要求译者能按照他们发展出的诠释学（hermeneutics）进行阐释。其次，由于意义在于词的用法，他们建议尽可能模仿源语言中的用法，来"弯曲"（biegen）译文中的词的用法。例如，荷马史诗中的颜色词 chlôros 既用于指新鲜树叶的颜色——绿色，又用于指蜂蜜的颜色——黄色。赫尔德和施莱尔马赫建议在所有语境中都只用 chlôros 一个词来翻译。最后，译者应尽可能忠实于原文的音乐特征——韵律、韵脚、押韵、拟声等。因为文本的音乐特征往往富有含义，并揭示了文本所表达情感的细微差别，构成了词语意义的重要组成部分。所以，好的译者不仅要能够"胜任"翻译工作，而且要成为真正的"艺术家"，甚至"天才"。

二、赫尔德和施莱尔马赫版本的异化方法之间的重大差异

赫尔德和施莱尔马赫版本的方法在两个重要方面有所不同，而这两个方面似乎对赫尔德有利。

首先，赫尔德认为不同语言之间存在的概念鸿沟是普遍的，这适用于每一个概念领域；施莱尔马赫则认为，只有在哲学和文学中占主导地位的那种精神性（geistig）词汇才会引起概念上的差异，而更纯粹的感官（sensuous）词汇则不会。我认为赫尔德是正确的，而施莱尔马赫是错误的。举例来说，古希腊语中的感官词汇 Helios（赫利俄斯）虽然与 sun（太阳）指的是同一对象，但它们的意义却不同，因为 Helios 暗含着神性、智慧和目的等词义特征，而 sun 一词绝没有这些特征。

其次，施莱尔马赫坚持异化翻译法是唯一可以接受的翻译方法［至少在其 1813 年的经典演讲《论翻译的不同方法》（"On the Different Methods of Translating"）中是这样］，而赫尔德则更为开明：如果文本体裁或翻译目的的需要，那么并不排斥采取其他方法。赫尔德的自由主义似乎优于施莱尔马赫的僵化主张。

然而，赫尔德与施莱尔马赫在翻译问题上的意见分歧，反而成了施莱尔马赫的优势。

首先，施莱尔马赫总体上比赫尔德更强调翻译的困难，比后者更清楚地认识到，语义的忠实性和音乐的忠实性这两方面的要求往往存在着不可调和的竞争关系，甚至认为"一种语言中的任何一个词在另一种语言中都没有与之完全对应的词"，因而，完全成功的翻译几乎是不可能的。但译者不应对此感到绝望，而应该承认这种不可能性，并将自己的任务重新理解为尽可能努力地接近一个他知道自己永远无法完全达到的目标。

其次，赫尔德曾担心异化翻译法会损害目标语言的本真性质，施莱尔马赫则认为翻译一旦进入目标语言之中，就要么会因为与目标语言的性质一致而存活下来，要么会因为与其不一致而很快消失。

最后，施莱尔马赫比赫尔德更清楚地意识到，异化翻译法要想取得成功，必须具备几个偶然的有利先决条件：其一，目标语言文化对于外国语言和文化有足够的兴趣，这样读者才会容忍这种方法所产生的艰涩翻译。其二，目标语言具有某种可塑性或灵活性。其三，必须持续地、大规模地实践这种方法，才能让读者理解并接受。

三、中文对于异化翻译理论的意义

传统的异化翻译理论家们所关注的，是印欧语系中的多种语言以及希伯来语这种与印欧语言颇为接近的闪米特语族语言。如果将中文纳入考察范围，异化翻译理论将得到更彻底的拓展。

赫尔德和施莱尔马赫尽管真诚而坚定地致力于道德上的世界主义，却对中国语言和文化抱有相当大的偏见，认为其远远不如欧洲语言和文化。这阻碍了他们关注中国语言和文本。我们现在应努力弥补这一缺陷。

首先，与印欧语言相比，中文更突出地说明了赫尔德和施莱尔马赫的异化翻译理论所关注的核心问题，即不同语言在概念、语法和音乐形式上的鸿沟。在概念层面，中国传统思想中与我们的术语 God 最为接近的术语，例如"理"，并不真正意味着 God；古汉语中甚至没有一个动词能涵盖印欧语系诸语言中 to be 所涵盖的几种不同功能（特别是表达存在、表示谓词和身份的功能）。在语法层面，中文没有词尾的屈折变化来标记单复数形式、动词的不同施动者、动词的不同时态和情态、不同的格等等，表达空白主要由上下文、词序和各种虚词来承担。在音乐形式方面，中文作品中的某些音乐特征在印欧语言中有相当接近的对应物，如韵律，但有些音乐特征则缺乏对应物，如声调。

此外，中文和印欧语言之间的翻译还面临着额外的挑战。这些挑战在诗歌翻译方面格外严峻。

首先，中文缺乏词尾的屈折变化有可能造成根本性的歧义，而中文诗歌经常以各种方式故意利用这种歧义的可能性。例如，孟浩然的《春晓》未指明是谁在做有关动作，从而使特定主体的体验天衣无缝地具有更普遍的意义，也比不得不指定主体的印欧语系诸语言更准确地捕捉到了从睡梦中刚刚醒来的人开始认知、但尚未进行任何自我反思的经验。

其次，汉字与印欧语文字截然不同。后者是字母－语音文字，基本以口语为中介，而前者基本不通过口语发挥作用。汉字还具有印欧语文字完全缺乏的表意或象形维度。

中国诗歌的表意或象形层面（不仅包括单个汉字本身的象形层面，还包括它们在诗歌中的相互关系），不仅构成了诗歌美学品质的重要组成部分，而且还具有重要的语义贡献，有时甚至包括诗歌无法以任何其他方式传达的语义贡献。例如，受到佛教影响的苏东坡的《题西林壁》至少包含 3 组在美学和语义上都起着重要作用的图画特征：（1）第一句中的"看"字包含了表示眼睛的"目"，而"目"在第三行中作为"面"的一部分再次出现，并最终出现在这一行的末尾。因此，人们在多个点上确实看到了本诗所论及的人眼（"目"）；随着诗歌的进展，这只"视觉化的眼睛"越来越突出，从最初被瞥见到最终完全呈现。（2）类似地，"山"在第一行中作为"岭"和"峰"的一部分出现，又在第三、四行独立完整地出现。"目"和"山"的展开模式对传达一种微妙的、略微具有悖论性的思想作出了重要贡献，即眼睛和整座山的接近使得眼睛无法清晰地感知自身和山。这两句诗可能还有助于传达一种更深层次的佛教含义，即自我与作为整体的现实的接近阻碍了其对于二者的理解。（3）"远"和"近"都包含走之，以强烈的图画方式传达了走到一个地方的想法。因此，诗歌的图画维度以一种视觉方式传达了诗歌在语义层面上不太明确的东西，即在山的附近从一个地方走到另一个地方（以及在更深的隐喻层面，寻找道路，即"道"）。

总之，中文相对于印欧语系诸语言的独特特征，大大加剧了赫尔德和施莱尔马赫在其翻译理论中已经强调的翻译难度。因此，我们应该把翻译看作一种"必要之恶"（necessary evil），只能尽可能地接近它永远无法完全达到的目标。

从洪堡的比较主义看哲学的中文翻译

摘自：Yijing Zhang, "Translating Philosophy from and into Chinese in the Light of Humboldt's Comparativism," *Journal of Chinese Philosophy* 50 (2023): 243–262。

本文通过分析中国哲学在法国的接受情况和希腊哲学在中国的翻译情况，来重新审视洪堡（Alexander von Humboldt，1769—1859）的比较语言学，并将洪堡的比较主义理解为承认差异和尊重外来事物，认为它可以从总体上阐明跨文化理解。

一、洪堡是相对主义者吗?

本节首先概述洪堡语言理论的一些基本假设，然后论证洪堡是一个比较主义者而非相对主义者，最后强调他关于跨文化对话的一些为人所忽视的见解。

洪堡认为，语言是构成思想的器官（an organ of thought），与思想是一体的。由于词语不是对象本身的复制品，而是对象在意识中产生的形象的复制品，而所有的客观感知都不可避免地带有主观性，因此，每种语言都蕴含着一种独特的世界观。但是，人们可以通过学习外语从一种世界观过渡到另一种世界观。

另一方面，洪堡又认为，不同的语言是植根于人类本性的语言能力的表现。既然所有民族的人性都是相同的，那么比较语言学的目的就是了解人类。因此，洪堡的比较主义并非相对主义，而是认识人性普遍性和同一性的手段。

作为一种研究方法，比较语言学致力于将尽可能多的语言纳入研究范围，以便建立一种分类方法，解释语言之间的差异，以及作为一种人类能力的语言的演变。洪堡认为，一种语言中语法形式的出现代表了这种语言的发展。由此，他的分类方法变成了一种等级制度。由于印欧语言作为屈折语有着最精确规律的语法形式系统，因此，它们被洪堡视为语言的理想模式，等级更高。

洪堡的比较主义首先表现为希望从人类的多样性中理解人类。将理解问题置于思考的中心正是洪堡与施莱尔马赫的交会点之一。

洪堡和施莱尔马赫的另一交会点是对于翻译的看法。施莱尔马赫 1813 年的经典演讲《论翻译的不同方法》区别了两种翻译方法。其实，洪堡在 1796 年 7 月 23 日写给 A.W. 施莱格尔（August Wilhelm Schlegel，1767—1845）的信中已谈到了类似的区别。洪堡也认为，翻译总是包含着异国情调。

二、洪堡对于中文的暧昧立场

洪堡对于中文的研究是其比较语言学项目的一部分。他的目标是了解中文的语言结构及其与印欧语言在语法上的差异。他对中文的了解主要来自法国汉学家雷慕沙（Jean-Pierre Abel-Rémusat，1788—1832）。

洪堡将语言元素分为词语和语法联系（grammatical links）两种。词语表示事物；语法联系表达的是理解所建立的联系，是思想表达的一般规律。语法联系通过可见的语法形式来表达，而语法形式则是印欧语言中典型的词尾屈折变化。事实上，洪堡将特定语系的特征作为给所有语言分类的标准。

洪堡认为，由于中文没有任何有屈折变化的动词，因而就没有任何严格意义上的动词，而只有动词观念的表达。又由于动词是语法的核心，而语法的发展与思维的发展成正比，因此他认为中文是非常低劣的。但另一方面，由于雷慕沙的权威，洪堡也承认中文有表达方式简单明了的优点。

洪堡的暧昧立场可以解释为，他既渴望理解他者，又无法摆脱母语强加的欧洲中心主义。其模棱两可，不无讽刺地证明了他对于语言影响思维的信念。

三、从"他者神话"（the myth of the other）到归化翻译法

欧洲学者对中文和中国思想的一系列欧洲中心主义判断，都源于洪堡对于中文是一种"低劣"的思想器官的断言。程艾兰（Anne Cheng，1955— ）这样来概括洪堡对黑格尔的影响："没有词语的屈折变化，就没有思考能力。"（"sans flexion, pas de réflexion"）谢林（Friedrich Wilhelm Joseph von Schelling，1775—1854）甚至认为，中文根本就不是一种语言。19世纪，法国也普遍存在着类似的观点。

雷慕沙是法兰西公学院的首位汉学教授。作为同一教席的继承人之一，程艾兰对雷慕沙在法国的影响提出了批判。而我将论证，法国对洪堡与雷慕沙对话的接受，过分强调了洪堡比较主义的种族中心主义维度，却没有充分强调其试图理解他者的诠释学维度。

"他者神话"源于耶稣会士的著作。正如程艾兰所说，"恋华"和"恐华"都源于同一个神话。雷慕沙对中国的兴趣是亲华传统的结果，但对雷慕沙的接受与启蒙运动后欧洲从"恋华"到"恐华"的转向混合在一起。程艾兰将"他者神话"定义为，无论是从欣赏还是贬低的方式来看，都先入为主地认为中国人的思维方式必然与我们的思维方式不同，是彻头彻尾的另类。程艾兰的《中国思想史》（*Histoire de la pensée chinoise*）和评论文章《"有没有中国哲学？"：这是个好问题吗？》（"'Y a-t-il une philosophie chinoise?': est-ce une bonne question?"）都是为打破这一神话而做出的努力。

她主张从根本上终结二元论，即以二元对立（东方／西方、中国／希腊等）来构建现实的倾向。为此，她主编论文集《当代中国思想》（*La pensée en Chine aujourd'hui*），旨在表明恰恰不存在单一的中国思想。然而在我看来，仅仅展示中国思想是多面的和变化的，并不能终结他者神话和二元论，而只是回避了问题；仍有一些特征使我们能够识别出中国思想，并将它与其他思想传统区分开来。正是这种独特性使我们有可能撰写一部"中国思想史"。

二元论的另一个当代例子是朱利安。瑞士汉学家毕来德的《反对弗朗索瓦·朱利安》（*Contre François Jullien*）一书与程艾兰的作品共同代表了法语汉学界对他者神话的集体否定。

毕来德认为，朱利安的所有著作都建立在中国作为他者的神话之上，认为中国是一个与我们完全不同的世界，甚至是与我们对立的世界。按照毕来德的说法，朱利安采用了以冯友兰为代表的中国学者提出的"中国思想"概念。而冯友兰的《中国哲学史》最突出的独创特征是创建了中国和西方两种思想传统的可比性。

毕来德还认为，翻译是朱利安操纵中国文本以复活他者神话的手段之一。在我看来，如果说朱利安使用的是异化翻译法，那么毕来德提出的替代方法则不过是归化翻译法。例如，朱利安总是用 dao 来翻译"道"，而毕来德则主张译者必须根据不同语境选择一个与"道"的某一含义相对应的不同法文对应词。

在我看来，毕来德关于翻译的观点存在若干不一致之处。首先，他不必要地将音译行为与他者神话联系起来。许多希腊哲学概念都被音译成拉丁文，然后再译成其他欧洲语言。这并不意味着古希腊就是欧洲的"他者"。其次，他低估了语言对思想的影响，将不可译（the untranslatable）、不可理解（the unintelligible）和绝对他者（the absolute Other）等同起来。最后，他似乎认为归化翻译法是构建可比性（the comparable）的一种方式，并混淆了可比性与相似性（the similar）。

法国汉学界认为"他者化"（othering）意味着贬低他者文化的价值，而并非意味着简单的差异。因此，对政治正确性的考虑也促使他们与他者神话决裂。尽管如此，否认比较主义对于跨文化理解的重要性，在理论上是矛盾的，在实践中也是不可能的。正如施莱尔马赫和洪堡对异化翻译任务的理解一样，这一事业包括对异域持开放态度和承认文化差异，而这正是它有助于克服种族中心主义的意义所在。

四、用中文对亚里士多德哲学进行异化翻译：重评洪堡的比较主义

亚里士多德的整个逻辑学和形而上学都是以动词 to be 为基础的。命题是亚里士多德逻辑学的基础。他认为主语和谓语的区别相当于实质（substance）和偶然（accident）的区别，由此发展出关于 being 的逻辑本体论。由于希腊语中动词 to be 可以取代其他动词的屈折变化，the man is recovering 与 the man recovers 没有区别，所以，系动词 to be 让亚里士多德得以将形而上学的核心问题——存在（being）问题主题化。此外，希腊语中动词的屈折变化让他能够轻松地从动词 to be 过渡到名词 being，并最终过渡到"实质"（substance）概念。因此，要理解亚里士多德的哲学，最重要的是理解希腊语语法。

如同余纪元所分析的，将亚里士多德哲学翻译成中文的主要困难在于，在不违反中文语法规则的情况下，很难找到一种方法，能让谓词结构、实质概念与动词 to be 的关系在中文中像在希腊语中一样一目了然。

王路则认为 being 及其同源词在任何情况下都应翻译为"是"。但包括余纪元在内的大多数学者都认为，将"是"作为 to be 及其同源词的唯一对等词违反了中文语法，会导致中文无法理解。

关子尹（Tze-wan Kwan）认为，being 的不同含义需要用多个中文词来翻译，这并非中文的缺点，而是亚里士多德关于"being 以多种方式

被言说"的说法的有利证据。但关子尹忽略了 being 的统一性。G.E.L. 欧文（G. E. L. Owen，1922—1982）从"焦点意义"的角度对这种统一性作出了有影响力的解释。

关子尹和德里达（Jacques Derrida，1930—2004）都提到了法国语言学家埃米尔·本维尼斯特（Émile Benveniste，1902—1976）。本维尼斯特也强调动词 to be 在亚里士多德哲学中的根本性角色，但他对希腊语作为思想语言的优越性提出了质疑。他认为，由于 being 本身并非谓词，而只是一切谓词的条件，因而 being 的概念仅仅是特定语言（即希腊语）状态下的概念投射。他以埃维语为例指出，在这种语言中，动词 to be 的不同功能和意义分别由 5 个词表示，但在其词法或句法中，没有任何东西能将这 5 个词连在一起，而只有与印欧语言的用法联系起来，才能发现这 5 个词的共同之处。

德里达仅仅将本维尼斯特的研究视为 "being 以多种方式被言说"的例证，而忽视了本维尼斯特强调的是，动词 to be 在希腊语中的多义性统一在埃维语中并不存在。德里达作为反逻各斯中心主义者，自己却被逻各斯中心主义所禁锢了。

每一次试图在另一种语言中找到动词 to be 的对等词，都会陷入逻各斯中心主义：将 being 翻译成中文是一回事，中文以其自身的内在力量所激发的东西是另一回事。

本维尼斯特的比较主义比洪堡的比较主义更为激进。其实，动词 to be 与亚里士多德的逻辑学和形而上学之间的关系并不一定能导出希腊语优于中文的结论，也可能相反，导致因为希腊语而将关于 being 的形而上学相对化。这个问题与另一争论有关，即中国逻辑学和形而上学的存在和性质。

五、结论

本文围绕洪堡对比较主义和翻译的见解分析了哲学的中译问题。有些问题仍然悬而未决：既然希腊哲学与希腊语的屈折变化有关，而中文中不存在这种屈折变化，那么，我们如何避免推论说中国人缺乏逻辑或理性思维呢？假如奉行洪堡比较主义，寻求中文特征与中国思想特征之间的对应关系，那么就不得不认可洪堡的假设，即只有语言的可见形式才有助于思想的发展。但是，难道不应该质疑这一假设吗？思维方式的特征不一定能在语言中找到。例如，中国人提出了语言之外的另一个中介：象。《周易》的卦就是一种象。

语词场域理论
与哲学著作的中文翻译

关子尹

摘自：Tze-wan Kwan, "Lexical Field Theory and the Translation of Philosophical Works into Chinese," *Journal of Chinese Philosophy* 50 (2023): 263–282。

一、语词场域理论与现代语言学

洪堡和索绪尔（Ferdinand de Saussure，1857—1913）都认为，任何特定语言中的词语都并非完全不同的意义单位，而是相互关联或相互制约的，形成了一个网状系统。哲学翻译工作尤其需要理解语言的这种系统性。

在现代语言学中，语词场域理论所代表的语言观一方面可以追溯到洪堡的"勾连表达"（Artikulation）概念，另一方面可以追溯到索绪尔的语言价值概念。在洪堡看来，"勾连表达"依赖于心智在构建有意义的表达时操控声音的能力。在这个意义上，勾连表达不仅制约着词语如何从内部构成，还调节着词语与词语在整张语言之网中的关系。索绪尔进一步发展了洪堡的勾连表达概念。语言价值理论（我认为是语词场域理论的前身）认为，对于任何特定语言来说，任何特定词的意义都不可能完全由其自身单独解释，而必须由与之存在各种关系的一系列词共同界定。索绪尔认为，这些关系可分为"横组合关系"（syntagmatic relations）和"联想关系"（associative relations）两大类。横组合关系指某人说出的"在场的"（in praesentia）单个词如何受到语法关系的制约，从而形成一串链条，构成一个有意义的句子；联想关系涉及从一组概念相关的词中选择出最合适的那

个词，那么，这些"缺席"（in absentia）的词共同决定了实际使用的那个
词的意义。索绪尔的"联想关系"概念被叶尔姆斯列夫（Louis Hjelmslev，
1899—1965）重新命名为"纵类聚关系"（paradigmatic relations），以与
"横组合关系"这一术语更加匹配（图 1）。

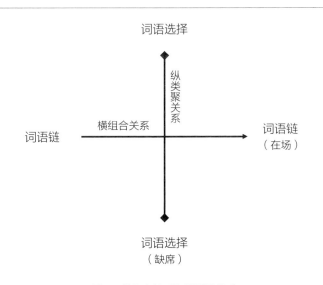

图 1　横组合关系与纵类聚关系

语词场域理论由德国新洪堡学派提出。其基本思想是，一种语言的词
库（lexicon）可以被视为由众多语词场域组成。一组词由于某些类别上的
相似性，可归入一个特定的语词场域（如颜色、自然种类、情感等）。不同
语词场域之间又表现出互补、对立、等级等各种关系，最终构成整个词库。
词义并非自足地构成的，而是受到语词场域的约束，而语词场域本身又是
沿着横组合轴和纵类聚轴交织在一起的。

语言学中的"场域"（field）概念与康德和现象学传统中的"视域"
（horizon）概念具有很高的可比性。从某种意义上说，语言学中词语、场域
和词库之间的关系也可与哲学中对象、视域和"世界"之间的关系相媲美。
语言和世界之间的结构性对应本身就是一个极具哲学意义的问题，但这不

是本文所能深入探讨的。

二、哲学经典的中文翻译

1."可读性"是所有翻译的基本要求

严复提出了严肃翻译作品的三重要求：信、达、雅。与严复一样，我认为"达"或可读性是第一标准，是最基本的要求。

2. 源语言和目标语言之间由于类型学距离（typological distance）而造成的翻译困难

印欧语言与中文之间的句法或语法结构存在着类型学距离。西方哲学文本中译的一大问题在于，中译者常常过于努力地迎合源语言的句法或语法形式，以至于影响了中文文本的可读性。牟宗三翻译康德的三大批判，由于其总体思路是尽可能贴近原文句法，就严重损害了其译文的可读性。因此，牟宗三的译文充其量只能作为展示他关于康德术语的理解的一种参考，而不能用于阅读。

3. 翻译术语的一致性或统一性

翻译的真正挑战始终在于词语及其含义的跨语言呈现或表述。公元 7 世纪至 9 世纪，日本派遣使节到唐朝向中国学习。就语言而言，日本人从中国学到的不是句法，而是词语，尤其是实词。日文可以灵活运用日文汉字（kanji）和片假名来翻译印欧语句子，完全绕过了翻译的大部分任务，而中文则受传统的束缚，无法提供这种便利。

翻译连接着两个语言系统，每个系统都有自己的语词场域结构。此外，源语言和目标语言中的词语受完全不同的句法支配。鉴于这些限制，常常很难将源语言中的一个词"一致地"翻译成目标语言，并在所有的地方使用。故而我认为，遵守一致性原则是合理的，但不应将其作为不可逾越的规则。相反，应始终允许同一术语出现多种译法，特别是当文本中使用的一个词有不同含义时，或当同一个词在译文中需要不同的表述才能得到适当理解时。

但识别同一原词的不同译法同样重要。在中文语境中，可以在每一种新引入的译词后，在括号内标注源语言的原词。

4. 有关"横组合关系"术语翻译的一致性

"可读性"是一个与"横组合关系"相关的问题，即某些关键术语在翻译时能否在句法上融入目标语言的语词链条。

以海德格尔（Martin Heidegger，1889—1976）使用的德语词 sein/das Sein（对应英语的 to be/Being）为例。在中国学术界，"是""在""有"或"存有""存在"等多种译词竞争激烈。多年前，我曾赞成把"存有"作为 Sein 的基本翻译，但后来我发现，当涉及横组合关系时，"存有"常常看起来很别扭。例如，In-der-Welt-sein 翻译成"在世界中存有"，就不如"在世界中存在"好。Mitsein 翻译成"与共存有"，也不如"与共存在"或简单的"共在"好。因此，我欣然接受了将 Sein 译为"存在"。

但这并不意味着"存在"适合用来翻译所有德语词 Sein 或 -sein。例如，Möglichsein 作为一个逻辑概念，与"存在"关系不大，应该径直把它当作一个标准的抽象名词，翻译为"可能性"。海德格尔用 Seinkönnen 描述对人类的此在而言高于现实的可能性，或者换句话说，描述人类未来道路的开放性。这个词虽然在词源上与 Möglichsein 有关，但不能直接翻译成"可能存在"或"可能性"，而应直译为"可以是"。

5. 有关"纵类聚关系"术语翻译的一致性，或跨平台术语翻译的统一性

在翻译中，词语的使用还涉及在纵聚合轴上对表达方式的选择，即一个翻译术语与现在和以前、同一学科和其他学科、不同作者或译者等的现有用法相比是否恰当。

翻译术语的一致性问题首先取决于原文术语在源语言中是否一致。只要不同源语言的术语在不同时代和不同学科之间保持相对稳定的相似含义，用同一术语翻译它们就是可取的。然而，翻译中不应强行坚持一致性

原则。中国学术界一直不分青红皂白地把希腊语中的 ἐμπειρία、拉丁语中的 usus/experientia、英语中的 experience、德语中的 Erfahrung 一并翻译为"经验",但我怀疑它们是否指的是同一个概念! ἀλήθεια、veritas/verum、truth、vérité 和 Wahrheit 也是如此。这些词的意义取决于各自语言系统中各自的场域结构。即使是词源相关的单词,它们是否能被统一翻译也应该取决于理论语境:例如,斯宾诺莎(Baruch de Spinoza,1632—1677)和早期康德都使用了 intuitio(康德后来将其修改为 Anschauung),但他们对这个词的理解截然不同,以至于我忍不住将它们翻译成不同的词:斯宾诺莎的"直观"和康德的"直觉"。康德和黑格尔对 Erfahrung 一词的用法也大相径庭,因此我将前者翻译成"经验",把后者翻译成"经历"。上面两例中,每个术语的两个中文译词都具有相同的词干:"直"和"经"。这样,这两个中文译词也形成了一个微型语词场域。

但这样的策略并非总能奏效。康德的 Symbol 概念和现代逻辑理论中的术语 symbol 就很难被统一翻译。康德的 Symbol 应译为"象征",而逻辑学术语 symbol 译为"符号"更好。

当我们讨论同一位哲学家的不同阶段时,也可能会出现翻译一致性问题。海德格尔的"思之途"(path of thinking)是一个众所周知的例子。我认为,如果海德格尔后期的观点触及了他早期思想中未充分反映的问题,那么我们应该说明这种差异。故而我建议:将海德格尔后期的 Verstehen 翻译为"领会",而非更常见的"理解";将他的术语 Wahrheit 翻译为"真相",而非更常用的"真理"。

6. 同一文本中意义相近的词是否应一致翻译

我赞同倪梁康的看法:即使两个或两个以上的术语似乎有相似的含义,也需要翻译成不同的术语。

出于理论上的需要,哲学著作常常并用语义 / 词源上相似的词语。例如,狄尔泰(Wilhelm Dilthey,1833—1911)和海德格尔等哲学家并用

Geschichte 和 Historie。狄尔泰用它们来表达历史概念的客观方面和主观方面。它们还可以升级为 Geschichtlichkeit 和 Historizität。海德格尔分别用来表示具有时间和历史意识的此在的根本本体论（fundamental-ontological）结构，以及人对历史的主题意识（thematic awareness）。

康德的《判断力批判》(*Kritik der Urteilskraft*) 导论，除了正式出版的版本以外，还发现了一个更为详尽、但后来被放弃了的版本。这个版本被命名为 "Erste Einleitung" ("First Introduction")，即《第一导论》。其中第 11 节的标题 "Enzyklopädische Introduktion der *Kritik der Urteilskraft* in das System der *Kritik der reinen Vernunft*" 中使用了罕见的 Introduktion。就语义学而言，Einleitung 作为一种日常表达，指的是一本书的介绍，而 Introduktion 指的是插入、镶嵌或整合的行为。从理论上讲，康德试图通过这篇文章将他新写的第三批判"插入"现有体系，关键问题是将判断力的调节能力引入已经建立起来的体系。康德将这种插入描绘为"百科全书式的"，就像在编纂百科全书时将新的卡片插入已有的一套卡片一样，并不会违反或取代原有的体系。因此，我把这一标题译为《按百科全书的方式把〈判断力批判〉安置于〈纯粹理性批判〉的系统中》。

7. 单音节词、双音节词或多音节词在中文翻译中的使用

我认为，哲学经典的翻译应尽量使用双音节词，而非单音节词。这与中文语音和句法的内在性质有关。

源语言中的单词非常复杂和内容丰富时，应考虑使用多音节单词。例如，将 Solipsismus 译为"独我论"，将 Uneigentlichkeit 译为"非本真性"，将 Unselbstständigkeit 译为"非自我持恒"，等等。

8. 短语与复合词的使用两难及其对于翻译的挑战

在德语中，复合词可以被短语取代。但它们的表达能力不同。第一，复合词标志着新术语的诞生。第二，使用短语时，思维仍处于底层；而使用复合词时，部分被合成了一个思维单位。第三，复合词可以用作句子的

主语或宾语，抽象水平更高。第四，其他语言元素可以聚集在复合词上，形成更复杂的词。

海德格尔的英译本倾向于用短语取代长的关键术语，以便让它们融入英语句子，但这种做法恰恰导致了概念同一性的丧失、表达能力的降低以及缺乏进一步构词的可能性。

虽然中文与德语相去甚远，但中文确实有与德语非常相似的构词法。就翻译而言，这就是中文的优势所在。

9. "欠译"与"过译"的中庸之道

理想情况下，欠译和过译这两个误区都应该避免。关键是不应仅仅因为害怕过译就容忍欠译。因此，每当有欠译危险时，应该偏离直译，多做一点，以便适当地表达原文的真实意思。

10. 语词场域的识别与中文关键术语的系统翻译

双音节复合词和多音节复合词的大量使用为语词场域的形成提供了空间。当我们处理高度结构化的文本和术语（如海德格尔的术语）时，中文的这种优势尤其明显。

表 1 列出的《存在与时间》（*Sein und Zeit*）中几个概念的中、英文翻译充分说明了这一点：

表 1　《存在与时间》中几个概念的中、英文翻译对照

德文原文	Sicht	Nachsicht	Rücksicht	Umsicht	Durchsichtigkeit
英文翻译	sight	forbearance	considerateness	circumspection	transparency
中文翻译	视察	谅察	体察	周察	洞察

我翻译的中译词比英译词更贴近德语原文。德语的共同元素 sicht 在中文的"察"中得到了体现。这一组中译词形成了一个语词场域。

倪梁康将海德格尔的 Ereignis、ereignen、Enteignen 分别翻译成了"本

成"、"逾本"和"失本",也是遵循着同样的原则。

一组没有共同元素的术语仍然可以是同一个语词场域的成员,只要能够指出它们可以通过哪一个理论谱系"纵类聚"地联系在一起。

11. 孟子的忠告

《孟子·告子上》说:"先立乎其大者,则其小者弗能夺也。"孟子提醒我们,不要让我们的感性(sensibility,小体=耳目之官)遮蔽了我们的心智(mind,大体=心之官)。那么,翻译理论的重点是什么呢?

我们在翻译中所遭遇的各种问题可能无法一揽子地统一解决,这就产生了优先顺序问题。但如何确定优先顺序,并没有严格规则可以遵循,因而翻译是一门艺术,而非例行工作。

三、结语

将外国经典翻译成中文是"语言养护"(Sprachpflege)最重要的问题之一,因为经典是一个民族语言和文化的精华,是一个民族心智的缩影。在翻译外国经典的过程中,中文找到了扩大词汇量和明晰概念的黄金机会。

(彭姗姗 摘编)

外交的艺术

17—18 世纪中国与欧洲的礼物交换

摘自："Des arts diplomatiques. Échanges de présents entre la Chine et l'Europe, XVIIᵉ–XVIIIᵉ siècles," *Extrême-Orient Extrême-Occident* 43 (2019): 1–192。

摘编者按

  法国汉学杂志《远东远西》（*Extrême-Orient Extrême-Occident*）2019 年的专题是《外交的艺术：17—18 世纪中国与欧洲的礼物交换》。根据赵冰与西蒙（Fabien Simon）在导言中的介绍，本期汇编的文章是关于珐琅技术及其在欧洲和亚洲之间流通的长期研究项目的第一期成果。这一项目诞生于 2014 年法国团队与故宫博物院发起的合作呼吁；与 18 世纪欧洲的"中国风"（对中国物品、文化或技术的热爱）不同，此项目旨在发现全球历史中鲜为人知的一面，即欧洲装饰艺术在中国宫廷掀起的热潮。

  以下摘编的是这期专题第一部分的 3 篇论文，主要围绕明清宫廷与欧洲在外交礼物上产生的分歧，展开了本国传统在面对异国文化时中国和欧洲统治者作出的不同反应。总览这个部分的研究，在时间上自利玛窦传教的明代万历年间至清代康雍乾时期，在地理上波及当时的中国、泰国、日本、法国、英国、意大利等国家，所援引的文献皆是从故宫博物院、17 世纪法国流行刊物、耶稣会罗马档案馆等处获取的一手文献，从而再现了这段别开生面的礼尚往来，不仅列有翔实可靠的器物名册，还把礼物交换过程中息息相关的诸多方面都一一呈现在了世人面前。

  在这场活跃于 3 个世纪之前的中西交流中，礼物为双方构建了一个复杂的关系网络，而 3 位作者更是深入这场艺术外交的细节，将中国与欧洲之间的对话及其合作的漫漫历程娓娓道来。斯蒂芬·卡斯特鲁乔（Stéphane Castelluccio）是法国国家科学研究中心（CNRS）研究员，她在《路易十四、暹罗与中国：诱惑与被诱惑》（"Louis XIV, le Siam et la Chine: séduire et être séduit"）一文中，立足于路易十四（Louis XIV, 1638—1715）的法国宫廷，参考 17 世纪的周刊《法国公报》（Gazette de France）、月刊《风雅信使》（Mercure galant）刊载的相关信息，对比了法国皇室对来自暹罗和清廷的礼物的类似处理方式，从而交代了康熙送出的瓷器、织物、金属手工艺品等礼物在法国宫廷的最终归宿。

艾米丽·伯恩·柯蒂斯（Emily Byrne Curtis）作为独立学者，曾受台北太平洋文化基金会的资助来研究康熙时代的玻璃作坊及其玻璃器物，她也是知名的清代鼻烟壶收藏家。在《传播之途面面观：1700—1722 年梵蒂冈和康熙宫廷之间的珐琅器皿流通》["Aspects of a Multi-Faceted Process: The Circulation of Enamel Wares Between the Vatican and Kangxi's Court (1700–1722)"] 一文中，她借助耶稣会罗马档案馆、梵蒂冈宗座图书馆等多处的馆藏文件，还原了教皇使团两次向康熙进献珐琅器物的详细经过，从第一次的失利到第二次的成功。在分析这一转折的同时，她还充分再现了 18 世纪初期中国与欧洲在玻璃制造技术上的互动与发展。

梅欧金（Eugenio Menegon）任教于美国波士顿大学历史系，他在《"宫廷友谊"：耶稣会士和清代宫廷的礼物政治》（"Amicitia Palatina: les jésuites et la politique des cadeaux offerts à la cour des Qing"）一文中，根据罗马档案记载的耶稣会士材料，首先讨论了传教士的多重身份——因为他们扮演了传教使徒、当朝（明清时期）技术官员、非正式的外交官等角色，然后又以耶稣会士进献给清朝皇帝（顺治、康熙、乾隆）的各色欧洲机械钟表为例，展示了一个围绕着礼物本身创造出的模糊而又丰饶的地带：那里不仅是中西之间在政治、经济、科技等领域的相遇和较量，更重要的是，艺术品的交换能让人领会到两种文明之间在知识、文化和审美向度上的对话甚至互通。

由此可见，3位作者从"礼物"出发对中国与欧洲所做的比较研究，并没有拘泥于传统贡品制度下的固定范式，而是以连接中西的礼物为线索，引导读者追随"物"的踪迹，从一处走到另一处，到一张交织着物与人、物与物、人与人的复杂网络中去讨论17—18世纪中国与欧洲各自的特殊性。然后，才得以在礼物所处的世界背景中发现，清代器物到了路易十四宫廷之后，或被当成了抽奖礼物，或被堆放在皇家贮藏库里备用；由此才能在教皇使团与清政府的外交危机中，发现深藏于玻璃和珐琅礼物之中的中西技术发展的暗流；才会对传教士向皇家进献钟表、传授数学原理且得到统治阶层认可这一系列事件产生新的认识——原来在华耶稣会士与宫廷建立的友谊，更多的是出于人类共享的好奇心和求知欲。这些都为重新理解中西交流史提供了一个万花筒般的时空交集。

路易十四、暹罗与中国

诱惑与被诱惑

斯蒂芬·卡斯特鲁乔

摘自：Stéphane Castelluccio, "Louis XIV, le Siam et la Chine: séduire et être séduit," *Extrême-Orient Extrême-Occident* 43 (2019): 25–44。

在这篇文章中，作者介绍了路易十四与康熙之间的礼物互换。首先，路易十四向康熙送出了若干武器和一些在贸易中获得的物品。根据法国国家档案馆和法国国家图书馆的一条记录：1698 年 1 月 7 日，在白晋（Joachim Bouvet，1656—1730）神父登船返回中国之前，路易十四从法国皇室家具贮藏库取出一把凿有镀金装饰的步枪、一把军刀和一件盔甲，这些都是其父路易十三（Louis XIII，1601—1643）的物品，此次都让白晋带回清朝献给康熙皇帝。随后，康熙也向法国宫廷送去了回礼。根据《风雅信使》上的一则报道可以得知，1700 年 9 月，洪若翰（Jean de Fontaney，1643—1710）代表康熙皇帝向路易十四赠送了丰富的织物、非常精美的瓷器和茶叶，那些茶在法国还没有人见过，比法国人日常喝过的种类还要多。

在展开讨论礼物的命运之前，需要先对中法礼物互换的背景作一番概览。借助柏理安的《东方之旅：1579—1724 耶稣会传教团在中国》，可以对法国耶稣会士与康熙王朝的种种关联有一个初步的判断。具体而言，由于在华传教的耶稣会士的多次恳请，路易十四于 1685 年决定委派耶稣会士以"皇家数学家"的身份前往中国，1687 年 7 月 23 日，洪若翰和他的 4 位同事在浙江宁波登陆，随后康熙亲自将这些法国人召集到北京，最后将两位神父留在宫廷任职，其中一位正是白晋。值得注意的是，这场礼物交换是由传教士努力促成的，虽然中法之间必然有着诸多差异，但这场文化交流依然在不断推进之中。作者在展开讨论"路易十四和18世纪之交的中国"时就指出了此次往来的非官方性：一方面，双方都没有派遣官方大使；另一方面，洪若翰带到凡尔赛宫的礼物当然是外交习俗的一部分，但路易十四仅在私人会见中接待了两位神父，而没有任何官方机构参与。显然，非官方渠道的会晤在享有灵活性的同时也充满了未知。再回到这些离开原产地、进入新环境的礼物上，它们代替外交官员、化身为只具有本国特色的"使节"，这也在很大程度上呼应了本文标题中"诱惑"的隐喻，并为这段不稳定甚至是前途未卜的关系埋下了伏笔。

　　然后，从礼物接收者的角度出发，能够进而看到路易十四对来自清廷的礼物的处理。首先，《风雅信使》中的记载已经对这批清朝瓷器作了进一步的追踪：根据法国国家档案馆的记录，与1687年的瓷器收藏内容相比，不仅1701年没有任何增加，而且1708年的凡尔赛宫清单上也没有提到任何来自中国皇帝的瓷器，甚至在1729年的清单总目上，虽然列出了所有的东方瓷器，但没有提及出处。要么是中国的瓷器与其他国家的礼物混淆了，要么就是它们的来源本就无法确定；或者它们从未成为皇室家具贮藏库所藏物件的一部分，因为路易十四以抽奖（loteries）的方式分发了礼物；或者最后，他可能把全部或部分东西都给了他的儿子……然而，那位大王储的收藏清单中没有一件藏品注明是中国来源。其次，通过回顾洪若翰从北京带回巴黎的礼物清单可以看到，上面列有各种衣物（睡袍、夹克、外套、腰带、帽子、3双鞋以及4块被描述为"非常糟糕"的树皮布等）、金属器物（青金石小花瓶、头饰或匕首装饰品等）、茶具（一套盛放在漆盒里的6个带碟的杯子、6个银勺）、7幅卷轴画等等。最后是这些礼物的去向：它们一部分出现在凡尔赛宫的战争厅以供贵族娱乐，另一部分则被堆放在皇室家具贮藏库，"在那里失去了关于它们起源的记忆"。

以上物品的细节值得深思：瓷器以抽奖的方式分发或另送他人，对树皮布的记录使用的修饰语是"非常糟糕"（fort mauvaises），以及那些品茗茶具等物件最后被不加标注地堆放到库房。这些描述出人意料地道出了清朝礼物在抵达凡尔赛宫后的遭遇，也让人感受到了一种强烈的文化冲击。虽然是中法宫廷的往来，但由于是非正式的交流，还是应该抛开政治和外交上的固定思维，回到物品所代表的不同文化以及文明之间的差异中去审视其中的不解或误解。对于这些礼物看似随意的分配处理，作者指出：无论如何，这些物品都不可能吸引到对东方物品不太感兴趣的路易十四，因为他不喝任何当时流行的异国情调的饮料——茶、咖啡或巧克力；他对瓷器、漆器和绘画也不感兴趣；而且清朝的衣服与西方的习俗大相径庭，也不能穿。

事实上，在受到中国的"诱惑"之前，路易十四早已在暹罗进献的东方礼物中"被诱惑"，通过了解路易十四和暹罗国王之间的礼物交换情况，就可以清楚地看到夹杂在暹罗礼物中的中国物品是如何被看待和处理的。现存于法国国家档案馆的一份清单记录了暹罗于 1685 年 11 月 9 日至 13 日为法国宫廷准备的礼物明细表，那是那莱王（Narai，1632—1688，大城王朝第 27 任君主）委托其首相康斯坦丁·华尔康（Constantine Phaulkon，1647—1688）在法国修道士舒瓦西（François-Timoléon de Choisy，1644—1724）的协助下为法国挑选的礼物。最终，路易十四和王室成员收到了不少于 156 件金器或银器、200 件漆器，以及欧洲人极为欣赏的橱柜、箱子和屏风，还有 100 件左右的杂物，包括中国壁纸、睡袍、地毯、扇子……然而，当这些礼物远渡重洋到了凡尔赛宫之后，它们的归宿却毫无悬念地与之后抵达的清朝礼品如出一辙，因为这些礼物并不符合法国宫廷的口味。1686 年 9 月 1 日开始，在凡尔赛宫的接见期间，这些物品在战争厅展出，但结果却让皇室成员和朝臣感到失望，可能与其说是因为它们的质量，不如说是因为它们的审美与欧洲经典审美相去甚远。第二天，大王储就组织了"一场抽奖"，奖品就是他被赐予的部分暹罗礼物，但他的这种做法不是为了处理掉某些物品，而是为了满足强加给皇室贵族的"社会义务"（l'obligation sociale），也就是说，他不能囤积礼物，而要分发给周围的人；而金器则在 1689 年被熔化，到了 1709 年，连瓷器也逐渐被出售。

透过暹罗与法国的礼物交换之镜来反观清朝礼物的结局，似乎也就不足为奇了。从文化相对性而言，来自清廷的织物、瓷器和茶叶被路易十四随意分发和处理所造成的不解，符合文化冲突下的认知逻辑。在作者看来，经由礼物所代表的权力话语之间的较量，再次印证了爱德华·萨义德（Edward Said，1935—2003）提出的东方主义观点，那些"诱惑"与"被诱惑"的对象，其实是脱离现实而被硬生生编造出来的"东方"概念，完全是出于西方人自己的想象。具体而言，当那莱王委派自己的希腊首相和法国神父为路易十四挑选礼物时，事实上就是"欧洲人为欧洲人准备礼物"。在 17 世纪，日本和中国是在欧洲人中引起最多幻想的两个东亚国家，这既是因为关于其拥有巨大财富的神话传说，又是因为福音传播的项目。沿着对礼物的解构，可以对这一文化差异获得更为直观的理解：当凡尔赛宫的抽奖游戏开始时，就是一次又一次幻想或诱惑被击破的开始，至于堆放或出售瓷器，甚至将凝结了原产地工艺精华的金银器皿熔化时，则毫无疑问是这场"东方梦"的彻底破碎。

然而，文化相对性也提供了同一枚硬币的反面，将清廷的礼物置于一个中-法交流结构中去考察它们进入法国宫廷社会的价值评判体系后的情况，对它们原有的前理解又经由路易十四宫廷的审美标准而重新洗牌。诺贝特·埃利亚斯（Norbert Elias，1897—1990）在《宫廷社会》（*Die höfische Gesellschaft*）一书中的解释有助于发现这些艺术品作为抽奖奖品不仅符合 17—18 世纪的法国宫廷理性，而且还肩负着鼓励贵族强制性体面消费的义务与使命。埃利亚斯指出，路易十四为了强化和巩固各个等级的社会地位，命令上层阶级必须履行强制性的体面交际应酬义务，并且社会活动很大程度上要集中在自己的宫廷里，但由于当时法律禁止贵族经商另谋财富，所以他们只能以出卖土地财产、继承家族遗产以及蒙受国王的恩惠等方式才能偿还社交产生的高额债务，以防家族没落和破产，因此国王对贵族财富的干预是对其中央权力的保护与维系。有鉴于此，就可以理解上文中提到的分发礼物的"义务"了，因为大王储不管以何种方式都必须将这些贵重物品分发给他人，以便让它们继续维护宫廷贵胄的奢侈性消费，从而巩固路易十四的统治策略。如果从这一视角再去审视康熙送出的礼物，它们在法国宫廷的价值就与送出前的预期不谋而合：都受到了双方宫廷的尊重，且得到了妥当的安排。

总而言之，物在不同环境中的遭遇呈现出的偶然性让人看到了其原产地与接收方之间的文化差异，然而选用物的关系网代替线性的判断又有助于远离偏见，不再拘泥于非此即彼的二元拉锯，转而走进物本身的复杂结构之中去把握这一不确定性。在本文中，对康熙的礼物所作的追踪再现了中国器物进入法国宫廷逻辑之后的遭遇，它们的中国文化符号不再发挥作用，取而代之的是被编入凡尔赛宫藏品体系而进行的再分配，因此，被分发、封存或熔化，皆有可能。与此同时，这张物之网也不是固定不变的。由于礼物本就构成了双方甚至是多方的联系纽带，因而整个结构网络是动态的，而接下来这篇文章中对康熙和梵蒂冈教皇使团之间互赠玻璃和珐琅器皿的考察，正好证实了物的流动性。

传播之途面面观
1700—1722 年梵蒂冈和康熙宫廷之间的珐琅器皿流通

艾米丽·伯恩·柯蒂斯

摘自: Emily Byrne Curtis, "Aspects of a Multi-Faceted Process: The Circulation of Enamel Wares Between the Vatican and Kangxi's Court (1700–1722) ," *Extrême-Orient Extrême-Occident* 43 (2019): 45–59。

本文开篇就提到了这样一则文献记录：1700 年，一批著名的威尼斯玻璃器皿被列入运往中国的物品清单。虽然这份来自传信部历史档案馆的文件留下的背景信息很少，但其名目确实指出列表中的物品是为在华传教士准备的。打开这份罗马教廷传信部的馆藏，如同开启了威尼斯玻璃和珐琅向清朝宫廷传播的漫漫长路。本文主要考察了康熙在位期间教皇使团两次使华及其进献礼物的情况。

作者对梵蒂冈使节第一次朝见康熙作了详细的论述。教皇克雷芒十一世（Clemens PP. XI，1649—1721）任命铎罗（Charles-Thomas Maillard de Tournon，1668—1710）为使节前往中国，派他带上贵重的礼物送给康熙，并任命在华耶稣会士纪理安（Kilian Stumpf，1655—1720）为巡视员，负责处理教皇使团和使徒探访有关的所有事务。纪理安详细记录了铎罗使华的全过程，汇集成一份一千多页的手稿，题名为《北京大事记》（*Acta Pekinensia*），现收藏于耶稣会罗马档案馆。1705 年 12 月 31 日，康熙隆重地接见了铎罗，并授予了其他陪同来访人员前所未有的荣誉。从铎罗发回梵蒂冈的报告中可以看到："一切都在完全相互理解的气氛中进行，皇帝表现出了温暖的善意。"不仅如此，康熙还表示希望回报教皇的赠礼，要求铎罗向教皇交代此次的接待情况，于是，铎罗在1706年1月4日向克雷芒十一世发送了"一份热情洋溢的"宫廷报告，上面记录了清廷对教皇礼物的反应："现在，做工精美的小件珐琅器物受到了重视，其中有威尼斯珐琅……特别是珐琅鼻烟壶。"

从康熙的态度与铎罗的叙述来看，礼物的接收者和赠与者之间逐渐建立了良好的互动，并且康熙在第一次见铎罗时就赐给他一个"珐琅鼻烟壶"。虽然目前还无从考据这个鼻烟壶的具体成分，但显然北京宫廷对威尼斯玻璃和珐琅器皿很熟悉。根据相关支持文件，进一步考察清代初期玻璃制造方面的情况就可以看到，除了这些进口的器皿，康熙还可以从他自己的玻璃加工厂获得类似风格的物品。事实上，为北京宫廷效力的纪理安是御用玻璃坊的创始人和管理者，除此以外，皇家玻璃厂还制作装饰各种商品所需的彩色珐琅。基于双方对珐琅器物在生产和技术上的共识，这批远道而来的威尼斯礼物在抵达清廷后很快便与新环境中的他者建立了连接，不仅迅速拉近了双方的距离，还推动了议程的进度。然而，随着铎罗在华公务的开展，双方之间的关系却变得紧张，甚至曾一度如玻璃般脆弱，乃至濒临破裂。

事实上，在更为翔实的记载中，铎罗的这次使华被认为是外交上的失败，因为他的到访给在华传教士和天主教在华传播事业都带来了"灾难性的"后果。柏理安在《东方之旅》中介绍了铎罗带领的教皇使团第一次觐见康熙的全过程，这里需要补充的是，除了作者在上文中提到的第一次会晤，铎罗在半年之后还第二次朝见了康熙。柏理安指出，康熙在第一次接见铎罗时就对"指派一个在华天主教传教士总督导的想法"表现出极大的兴趣，但也正是在指定人选的决定权上，两者产生了分歧。原因显而易见，双方都想当然地认为应该由自己指定人选。出于进一步商讨中华礼仪问题的需要，康熙于1706年6月29日再次召见了铎罗。这一次，康熙要求铎罗和一同觐见的宗座代牧颜珰（Charles Maigrot，1652—1730）说出反对中华礼仪的原因，但由于语言的障碍以及思维方式的巨大差异，两人无法引经据典去支持自己的论点，最后也当然不可能说服康熙。

如果说初次会晤赠礼留给彼此的好印象推动了双方直接切入正题，那么关于"指定总督导"的商议则是打开了潘多拉的盒子：一方面映射出了铎罗所肩负的罗马教廷的使命和野心，即来华是为了监督在华传教士对教皇禁令的执行情况，因为早在铎罗觐见康熙之前，克雷芒十一世已颁布敕谕明确禁止在华耶稣会行"祭祖尊孔"等礼仪；另一方面也再次明确了康熙对天主教及在华传教士的真实态度，正如柏理安所记录的，耶稣会内部就曾有传教士准确地断言，康熙从来没有恩准任何国家在中国驻扎，只是说"利玛窦神父的接替者"可以驻留。显然，双方在第一次商讨时只是出现了分歧，并没有涉及核心的中国礼仪问题，但是康熙与铎罗的第二次见面则完全不同，可以视为一场矛盾急剧上升的对抗，结局就是1706年8月，康熙下令将这位罗马教皇使节及其一行人等经由澳门遣返欧洲，而铎罗最后的命运就是被软禁在澳门，随着身体状况的每况愈下，他最终于1710年在澳门去世。

毋庸置疑，这些堆叠在珐琅器物背后的厚重档案再一次将读者带回了历史现场。在重新审视京城与罗马之间的权力较量时，似乎可以看到作者寻遍蛛丝马迹所构建的这一中西关系网络的脆弱性和起伏不定，更让人觉得使得这层关联濒临断裂的，是铎罗使华之后造成的一系列负面影响。根据柏理安的详细整理，1706年12月17日，康熙对在华传教士颁布了"票"制，明确规定所有想继续留在中国的传教士须获得许可证，即"票"，由此可以采用领票制对传教士进行筛选，为的是让在华欧洲人"必须接纳中华礼仪"。一组数据可以说明这项法令对传教团产生的重创：到1708年12月，总共有41名欧洲人（其中有31名传教士，其余为侍从）被清政府驱逐出境，与之相对的是，耶稣会士人数在1702年达到最高点时也只有

36 位神父和 6 名助理（包括中国人和欧洲人）。至于欧洲，情况也不容乐观：耶稣会士不仅备受教皇斥责，还遭到同行的嘲笑。不仅如此，教皇还颁布了新的法令与康熙的"票"制抗衡：严禁在华传教士施行一切中华礼仪。可以想象在夹缝中求生存的在华传教士那种左右为难、举步维艰的处境，因为他们不得不服从两位"主人"。而罗马教廷为了再次监督这些传教士，在铎罗使华 15 年后又派出了第二位使节。或许是沿着上一次中西对峙的分析思路，也有可能是史料记载有限，柏理安只是一笔带过结束了康熙与梵蒂冈的再次相遇，即教皇又委任了另一位使节嘉乐（Carlo Ambrogio Mezzabarba，1685—1741）来到中国，但是，这位意大利高级传教士在北京也没能比他的前任作出更多的贡献。

的确，柏理安的宏观视角深刻地呈现出了清廷与梵蒂冈之间的紧张，令人发现珐琅艺术品所走过的这条外交之路原来是如此的坎坷不定和危机四伏。然而，本文的作者却没有让第二位使节的出访在中西对峙的惯性思维中戛然而止，她依然坚持回到礼物本身，从玻璃质地、技术水平及知识构成等微观角度去把握北京与罗马之间的微妙关联，由此另辟蹊径地展现了教皇使团第二次使华的"危"中有"机"。1720 年 12 月，经验丰富的外交官嘉乐庄重地朝见了康熙，这一次罗马教廷深思熟虑地准备了礼物，不仅给康熙带去了清朝作坊所需的能工巧匠，还根据在华传教士在通信中提出的建议，谨慎地为北京的玻璃厂带去了其所需的锑金属和威尼斯特有的砂金石玻璃。对此，柯兰霓（Claudia von Collani）在《纪理安与清宫玻璃厂》一文中曾补充道，明清之际玻璃作坊大多不在京城，而是在山东，所生产的玻璃制品纯净度也并不高，所以耶稣会士抵达中国之时就会发现欧洲的玻璃在技艺上自然是更胜一筹。这就与本文根据相关文献得出的结论相吻合：康熙在收到威尼斯水晶制品时称赞它们"很讨人喜欢"（very pleasing）并评价了其稀有性（rarity）。

作为回礼，康熙慷慨地赠送了大量北京自产的玻璃和珐琅礼品给罗马

教皇和葡萄牙国王。柯兰霓在介绍纪理安为北京的玻璃厂以及中欧之间的
艺术交流作出巨大贡献的同时，还搜集多方资料来呈现康熙对中国玻璃工
艺的高度评价及其热衷于向欧洲展示，她罗列出的清单显示：康熙皇帝将
珐琅玻璃盒 1 个、珐琅玻璃花瓶 10 个、不同大小的瓷瓶 128 个、北京制
玻璃瓶 136 个、卷轴画 16 幅送给了罗马。康熙皇帝对清宫玻璃厂的工艺
颇为自得，将御制玻璃器皿也作为礼物送到了欧洲。1721 年赐予葡萄牙国
王的 38 件礼物中包括 2 件红玻璃盘，8 个雨过天晴色刻花玻璃杯，10 只
天蓝色小玻璃盘、白色带花纹玻璃杯盘、白色描金玻璃的杯子，10 件天红
色玻璃盘，2 件白色带花纹玻璃碟，2 个白色玻璃杯，等等。柯兰霓在此
引述的赠予葡萄牙国王的礼物明细，正是来自本文作者的考证，虽然这些
礼物大多在嘉乐返回欧洲的途中遭遇火灾并丢失，但还是有一个贝壳形的
珐琅珠宝盒幸免于难，由于其"黄绸衬里""珐琅质地"以及毫无损坏的
"5 颗大珍珠"而被判断是来自康熙的礼物。至此，作者柯蒂斯指出，这些
产于清初皇家作坊的彩绘珐琅器皿，不管是烧制技术还是装饰工艺都已成
形，同时也证明了中国工匠在采用欧洲技术方面的才华横溢，从而促成了
真正的文化交流。柯蒂斯在之前出版的《1550—1800 年欧洲与中国的玻璃
交换：外交、商业和技术互动》(*Glass Exchange Between Europe and China,
1550–1800: Diplomatic, Mercantile and Technological Interactions*) 一书中，
已经考证了欧洲的玻璃制品对明清统治者的吸引力：早在教皇使节访华之
前，中国人已经对玻璃的色泽和技术产生了好奇心和求知欲，特别是随
着在华传教士带来棱镜及各种镜面，更在潜移默化中重新定义了"观看"
(seeing) 的概念，因此随着这条认知线索的蔓延生长，中国与欧洲最终在
审美需求的驱动下展开了外交会晤，也将中国制造的精美玻璃及珐琅珍品
引入了欧洲。

　　以上所列的物品在引出清代玻璃发展史的同时，也呼应了作者的研究
初衷：她认为学界在某种程度上忽视了玻璃和珐琅对中国与欧洲的文化艺

术交流作出的贡献。例如，康熙赐给铎罗的那个鼻烟壶，多年来，中国以外的研究人员并不愿意承认这件彩绘珐琅器是真品，但事实上，正是从包括这个鼻烟壶在内的各种互赠的礼物中，可以看到中国与德国和意大利之间的技术互动，也正是透过威尼斯的玻璃之镜，我们可以渐次看到其中一明一暗两条线索：教廷送给康熙的礼物所代表的欧洲技术在明处，至于清朝，也许是被强大的权力话语所遮蔽，而导致更多的目光都投射到了清政府的对外政策上，从而忽视了普遍性笼罩之下具体的人与物的特殊之处。正如柏理安的分析，他提醒读者注意在华传教士迥然不同的境遇，比如，在京的传教士不仅保留了在朝廷的艺术家或技术专家的职位（以及薪酬），还享有皇帝对他们的技艺而不是传教的青睐，而这种状况一直持续到 18 世纪末期。

这些持有西方科学知识和技术的传教士正是本文的另一个研究对象，经由他们的双手传递或转送的珐琅和玻璃器皿不仅传递了来自不同民族的匠人的温度、传播了礼物的文化艺术价值，还在无形之中记录了清初的玻璃制造业从"初期"到"成形"的发展过程。首先，在考察了铎罗使华期间的清廷器皿以及北京和博山两处皇家玻璃厂之后可以得出结论：清朝初期已经开始了玻璃生产，但仍处于一个"广泛的实验期"（extensive experimentation）。具体而言，身为皇家玻璃厂创建者的德国传教士纪理安，在耶稣学院任教时继承了德国修士克里斯托夫·迪姆（Christoph Diem）精湛的玻璃制作技艺，而迪姆的技术则得益于欧洲第一位专业的化学家约翰·格劳贝尔（Johann Rudolf Glauber，1604—1670）的胶体金技术，即以金子作为着色剂制作胶体着色玻璃，现今收藏在故宫博物院的红宝石玻璃文物是这一技术的见证者。由此可以得出，18 世纪初的中国珐琅器物不可避免地融入了日耳曼起源，是德国技术与中国现实环境相结合的产物。其次就是嘉乐使华期间，不管是从罗马带来的稀缺金属和高超技艺，还是康熙回赠的大量精美礼品，都展现了康熙对玻璃及珐琅器物的高要求、高需求以及极大的自豪感，这也足以证实作者的判断："当时中国的彩绘珐琅技术已经处于'形成阶段'（a formative stage）。"当然，精美的珐琅礼物所绘就的艺术之旅最终还是要走向尾声，回到史实中去面对教皇使团第二次使华在政治和外交上的"无疾而终"。诚如作者为这批稀有的玻璃材质所作的注脚："教皇公使团于 1721 年 3 月离开北京，没有得到罗马教廷想要在清廷寻求到的任何让步。"

总之，在面对康熙宫廷与罗马教廷之间沉重的外交险境时，珐琅器物的研究得以从另一个视角去捕捉一张由"物"穿针引线缝制的隐形网络，进而才能在这场激烈的礼仪之争背后意外地体会到那些无名匠人手中散发的余温，以及艺术品中凝结的智慧精华。毫无疑问，18 世纪初的中国并没有缺席整个世界的理性运动，如果说在中国与欧洲的礼物互换中，中国瓷器在凡尔赛宫遭遇了偶然的命运、中国与欧洲之间暗藏着活跃的珐琅技术交流，那么接下来这篇文章中的欧洲时钟则更为准确地深入了礼物自身书写的复杂历史，既包括西方内部不同思想之间的张力，又在中西碰撞之间迸发出了求知之光。

"宫廷友谊"

耶稣会士和清代宫廷的礼物政治

梅欧金

摘自：Eugenio Menegon, "Amicitia Palatina: les jésuites et la politique des cadeaux offerts à la cour des Qing," *Extrême-Orient Extrême-Occident* 43 (2019): 61–80。

本文将欧洲传教士向明清皇帝及其朝廷成员的赠礼活动视为一种礼物策略，一方面是在中国官员内部的日常礼物交换，另一方面是外国使节进献的贡品，两者之间形成了"一个模糊的灰色地带"（une zone grise et mal définie），毫无疑问，在华传教士在其中发挥了重要作用。作者以时钟为例概述了几代耶稣会士踏上中国土地、博得国人信赖的全过程，再结合柏理安对在华耶稣会士早期传教史的研究可知：罗明坚（Michele Ruggieri，1543—1607）跟随葡萄牙商人从澳门抵达广州时就以诸如钟表、计时器、棱镜之类的欧洲奇货吸引当地官员，从而获得了他在中国的第一次留居权，并"被允许带两个同伴来中国"；得到许可而来的利玛窦历经波折向万历皇帝献上了时钟，由于精通数学及机械维修而获得了在首都的永居权，从而摆脱了"携带贡品的使者"这一暂时留居的身份；经历明清宫廷易主的汤若望因精通机械原理和钟表维护而一直驻留宫廷，后又成为顺治皇帝的"非正式导师"；精通满语和数学的穆敬远（João Mourão，1681—1726）可被视为"利用礼物获得政治青睐"的最佳案例，因为他深谙礼物之道，除了教授皇室子弟数学知识，还在欧洲各处采购价值不菲的钟表，一边进献给康熙、一边赠与朝廷官员，以其在政治和商业上出色的经营能力"而渗透进了朝廷的核心圈子"，与康熙、皇子及朝廷官员建立起了"宫廷友谊"（amicitia palatina），并于 1712 年被康熙选为清朝派往罗马的使者。由此，时钟作为媒介为传教士和中国地方政府及首都政治中心建立了连接，也将明清之际的中国与欧洲一同拧进了世界历史的发条钟里。

沿着这条自西向东、不断深入中国腹地的传播路径，作者将"时钟"视为 17—18 世纪耶稣会士植入中国的"特洛伊木马"。自从汤若望于 1640 年受命修复利玛窦曾进献的破旧大键琴以来，这种类型的"特洛伊木马"被持续使用了几十年。除了以上几代传教士前赴后继地不懈进贡与长时期的维护工作，清朝统治者的审美喜好更进一步印证了这一"木马说"。作者在康熙对皇子们的教导中看到了明清统治者对钟表的看法。康熙在《庭训格言》中说道："明朝末年，西洋人始至中国，作验时之日晷。初制一二，时明朝皇帝目以为宝而珍重之。顺治十年间，世祖皇帝得一小自鸣钟以验时刻，不离左右。其后又得自鸣钟稍大者，遂效彼为之。虽能仿佛其规模而成在内之轮环，然而上劲之发条未得其法，故不得其准也。至朕时，自西洋人得作法条之法，虽作几千百而一一可必其准……今与尔等观之，尔等托赖朕福，如斯少年皆得自鸣钟十数以为玩器，岂可轻视之？其宜永念祖父所积之福可也。"

康熙这段话表明了钟表对皇帝和朝廷而言是多么珍贵，因为它们是"闲暇和权力的象征"（symboles de loisir et de pouvoir）。对这类机械装置培养起来的独特审美趣味，也可以分别从时间和空间上去拓展理解。一方面，机械钟如其自身的隐喻一般延长了在华传教士的职业生命，如上文所述，不管是明朝皇帝"以为宝而珍重之"、顺治皇帝从汤若望那里得到一个小自鸣钟后便"以验时刻，不离左右"，还是康熙的皇子们都很荣幸地获赐自鸣钟"十数以为玩器"，都已经以时间验证了这一木马策略的长久之效。另一方面，清朝宫廷日益扩大的时钟收藏、仿制及生产必然提出更多的空间需求，从康熙在训导子孙时提及时钟发条"不得其准"到"可必其准"的转变也可以推测出当时已有专门的技术人员（传教士及其培养的工匠）组成的造钟部门，此外，这一收藏发展到乾隆时期，已经表现为对欧洲钟表的"痴迷"（fascination）。具体而言，乾隆大大扩充了其祖父康熙的收藏，所藏西洋钟表超过4000件，他还购买了各种自动玩偶，做钟处制作的许多时钟被用作奖励，而欧洲传教士则继续负责他们传统上执行的制表任务。由此可见，作为"特洛伊木马"的时钟早已在明清宫廷布下了一张时空交织的物之网，也重新定义了耶稣会士在中国的角色：由于置身于"一个模糊的灰色地带"，他们既是肩负罗马教廷使命的赴华传教士，又是向明清皇帝及社会上层传授西方科学（主要是天文学和数学）知识的智者化身。

然而，时钟既要发挥"特洛伊木马"的智识功能，又要以转化信徒皈依天主教为目的，这两点显然是相悖的。对于本期专题的讨论，赵冰和西蒙在分析礼物交换的实践与问题时就曾提到：作为承载着权力和礼仪表达的对象，礼物的性质是矛盾的：它们的内在（美学、经济和技术）特征反映了赠与者和受赠者的身份。这些礼物既是赠与者又是受赠者的权力的物质表达，同时还承担着其他社会功能：或是尊重和信任的见证，或是被介绍到宫廷并获得恩惠的手段。

针对欧洲礼物呈现的内在矛盾，应该进一步挖掘其特有的西方征候，即源于欧洲思想内部的紧张在中国大地上凸现出的二元对抗，确切地说是古希腊的理性基因与天主教信仰之间的对峙。再审视作为"特洛伊木马"的礼物：木马战术代表着古希腊智慧，这就意味着要用理性思维去传播宗教，而这必然会走向其反面，因此作者的这个类比本身的逻辑悖反也证实了西方文明内部的张力。当代表着17—18世纪理性精神的机械钟被用作一种清晰的方法论时，随着传教活动的日益推进，其性质也将发生根本性转变。这让人不得不想起列夫·舍斯托夫（Lev Shestov，1866—1938）在《雅典与耶路撒冷》中引述的法国哲学家吉尔松（Étienne Henri Gilson，1884—1978）的观点，即基督教教义受到的是古希腊哲学的深刻影响。一方面，吉尔松毅然声称基督教哲学皆源于《圣经》，且基督教教义也有赖于古希腊传统；另一方面，舍斯托夫深入解读了吉尔松的思想，认为通过福音书去释经的方式并不是"通向认识的路"，而只不过是一条"拯救之路"。

由此就不难发现在华传教士其实反其道而行，因为他们用于建立和维系"宫廷友谊"的时钟是把"救赎"的传教事业改革成了通往"认识"的求知之路。首先，在面对统治阶级和普通大众时，传教的策略从一开始就有所不同。尽管明清皇帝承认了传教士的身份、接纳了其礼物、允许其与朝廷官员往来交好，但事实上直到康熙时代也只有少量官员皈依，天主教的传播可谓是一边在上层发展理性，一边在民间推广宗教，因而牵引着中西关系的礼物必然不会局限于单一的线性因果，而是在复杂的政治环境中抛撒出一张更大的渔网。柏理安也提醒读者不能将欧洲传教士在中国的活动简单地归结为"从上至下"的教义传播，这是因为耶稣会士对外不断强调将福音传递给中国统治精英，其实也是出于一种政治必要性的考虑，因为他们同样迫切需要向自己的上级、贵族资助方以及与他们通信的欧洲读者宣扬不同等级的官员皈依天主教的消息。

其次，作者虽然看到了一些传教士以科技知识为"诱饵"获得了永居权并进入了权力中心，却忽视了他们为获取及维护这一合法性而在智力上付出的长久努力。当罗明坚、利玛窦、汤若望、穆敬远等人献上一件件做工精致的欧洲钟表并推动"传教合法化"的进程时，在华传教士的福音传播之路已经发生了偏离，或者说，从利玛窦身上就可以清晰地看到，将他与万历皇帝连接在一起的其实是这类机械物品背后的科学原理。利玛窦作为罗马教廷派往中国传教的神职人员，其本人以知识代替传教的礼物策略就是最好的例证。从《东方之旅》这本传教士百科全书中可以了解到：利玛窦在赴华之前曾师从罗马著名的耶稣会士、数学家克里斯托弗·克拉维乌斯（Christopher Clavius，1538—1612)，他和其他一些留驻宫廷的传教士都曾在欧洲耶稣会学校学习天文学、数学以及自然哲学的基础知识，包括诸如亚里士多德、欧几里得和萨克罗博斯科（Johannes de Sacrobosco，1195—1256）之类的经典；留京之后，为了满足统治阶层对欧洲科技知识的需求，整个中国传教团开始花费更多的时间学习和研究科学内容，因而花在传播福音上的时间、精力就相对较少，即使是利玛窦与徐光启和李之藻的深交，其友谊之果也依然指向了在中国进行科普的求知共识——3人一起翻译了欧几里得的《几何原本》。

最后，不管是传教还是求知，用于交换的礼物都无法脱离现实环境，既需要保留物自身的特殊性，又必须兼顾其在新环境的适应性。相较于耶稣会士取得的阶段性成功，作者认为英国大使乔治·马戛尔尼（George Macartney，1737—1806）使华时虽然携带了大量珍品但仍引发了冲突，原因就在于脱离了当时中国的社会文化习俗而一意孤行。他总结道，传教士的礼物大多是在帝制晚期特有的日常礼物交换经济框架内流动和收集的，既尊重了大人物之间预期的"礼仪"，又尊重了宫廷对富有异国情调之物的追求，因而这些礼物通常不适合高度象征性的贡品经济，但归根结底，这些礼物是传教士将自己置于现有权力等级制度中的一种方式，并试图利用它们来为自己谋取利益。

总而言之，从对于时钟作为礼物的分析中可以看到，物本身即特殊与普遍的混合物，清晰的是时钟精确的零部件，看不见、摸不着的是基于求知渴望的人之本性。就传教士与明清统治阶层的友谊而言，他们共享的其实是人类共通的知识欲求，也正是基于这样的审美判断，才成就了欧洲时钟作为后来清朝皇室"闲暇和权力的象征"。与此同时，物自身的复杂性和传教士的多重角色也证实了这一点，因为礼物创造的模糊地带既再现了欧洲思想内部的张力，又呈现出西洋钟在适应中国上层求知问学的需求时发生的一系列反应，而当这些因素都汇集到一起时，才促成了这场由欧洲科技知识引发的中西文化交流的热潮。

摘编者结语

对于 17—18 世纪中国与欧洲的外交往来，以上 3 篇文章由于跳出了中西之争的定式而只围绕礼物本身展开讨论，在很大程度上避免了单一的视角和以今论古的误读，从而提供了一个"物"的地图去重新审视由中西共同参与的世界历史。概言之：卡斯特鲁乔追踪记录了源于康熙宫廷的瓷器、织物、茶叶等礼物进入路易十四宫廷后的意外遭遇；柯蒂斯以珐琅器皿为线索，在教皇使节两次使华的重重困境中发现了其中潜在的机遇，因为欧洲先进的玻璃制造技术不仅使清廷与罗马教廷之间的持续对话成为可能，而且还见证了康熙时代珐琅艺术品的丰富产量与优异品质；梅欧金则以明清宫廷为历史现场，将欧洲时钟承载的机械知识与传教使命之间的冲突呈现出来，通过恢复物自身的矛盾关系来对在华传教士与明清统治者的"宫廷友谊"重新作出判断。

由此可见，在这 3 位作者的笔下，外交礼物不再是局限于贡品逻辑的惰性物，相反，它们主动参与到了物与物（互赠的礼物）、物与人（礼物与赠与者和受赠者）、人与人（赠与者和受赠者）之间的互动。赵冰和西蒙在本期专题的导言中就强调了丹尼尔·罗什（Daniel Roche，1935—2023）在《平常事物的历史：传统社会消费的诞生（17—19 世纪）》[*Histoire des choses banales: Naissance de la consommation dans les sociétés traditionnelles (XVIIe– XIXe siècle)*] 中的观点——"世界不可能在没有偶然性风险或纯粹沉思的情况下被孤立出来"，正因此，他们认为这些礼物虽然扮演着"无声的大使"（ambassadeurs silencieux）或"沉默的外交官"（diplomates muets）的角色，却是真正的"行动者"（actants），其意义就是在错综复杂的传播旅程中得到了不断的叠加和沉淀。如果将沉默也视作一种语言，那么这些用于交换的礼物所具有的偶然性、流动性及实体性将再次得到激活，由此也可以循着瓷器、珐琅器皿和时钟等实体的强烈呼唤，再次回到礼物外交的历史现场，以便身临其境地触摸到在这张复杂的物之网的背后，由中西文化缝制的那些密密麻麻的线索和节点，从而在由物编织的动态风景中，为走进社会、认识现实、书写历史绘制出一幅内容更为丰富的中西交流图谱。

（徐明　摘编）

书评

惟王受年

从农业起源到秦帝国的中国政治生态学

兰德

Brian Lander, *The King's Harvest: A Political Ecology of China from the First Farmers to the First Empire* (New Haven and London: Yale University Press, 2021).

摘自罗泰（Lothar von Falkenhausen）的相关书评，载 *Journal of Chinese Studies* 77 (Jul. 2023): 183–186。

　　《惟王受年》是一部视角宏大的生态史研究著作，聚焦从新石器时代早期（约公元前 6000 年）到秦朝统一（公元前 221 年）的中国早期历史。兰德（Brian Lander）以渭河中下游地区为例，探讨了权力、社会分层与自然资源开发之间的复杂互动，展示了中国早期社会从狩猎采集向集权农业国家的过渡。本书以跨学科的视角，通过整合历史文献、考古资料和自然科学数据，为理解中国早期国家的形成提供了新的生态学视角。

　　兰德在书中提出了"政治生态学"（political ecology）的概念，作为分析中国早期社会经济与环境互动的核心理论框架。他强调，农业国家的形成伴随着土地扩张、资源集约化以及经济和人口的增长，然而，这一过程也不可避免地导致了对环境的改造，如土地退化、森林减少和生态系统的改变。在第一章中，兰德探讨了权力与自然之间的关系。他提出，早期国家治理不仅是对人的管理，也是对土地和资源的管理。为此，他采用了多学科的研究方法，包括考古学、古气候学和植物考古学，以综合分析构建了一个立体的历史叙事。这种方法不仅有助于揭示农业国家崛起的经济基础，也深入剖析了生态变化如何塑造了早期国家的形成。第二章探讨了从公元前 6000 年起，渭河中下游地区如何从自然地理空间逐步转变为文化地理空间。他指出，人类活动，尤其是伐木、放牧和农业，是推动这一转变的关键力量。仰韶文化时期（约公元前 5000—前 3000 年），农业村落逐渐成为独立的生态系统。然而，农业的扩展也带来了土壤退化和植被减少等后果。到了龙山文化时期（约公元前 3000—前 2000 年），随着社会的复杂化，生态问题进一步加剧，考古证据显示出现了因营养不良导致的人口下降。这些发现表明农业技术的提升在推动人口增长的同时，也带来了更大的生态挑战。

在第三章中，兰德从生态学的视角探讨了从新石器晚期到青铜时代国家形成的过程。通过对陶寺和二里头遗址的分析，他指出，随着农业生产能力的提升，社会开始出现显著的分层。低地资源的开发和农田的扩大为贵族阶层提供了经济基础，而城市化进程则进一步强化了权力的集中化。然而，兰德也指出，这种权力的扩张并非毫无代价。周代稳定的政治环境促进了农业人口的增长，但也加速了低地资源的过度开发和环境的恶化，土壤侵蚀和水资源的争夺成为这一时期显著的生态与社会问题。

在第四章中，兰德将研究重点转向秦国的农业发展与权力扩张。他分析了自公元前 9 世纪至公元前 3 世纪秦国农业技术的进步，特别是国家支持的大型灌溉工程对农业生产力的提升。例如，郑国渠的修建不仅改善了对水资源的管理，还为秦国的粮食生产提供了稳定保障，奠定了秦统一的经济基础。兰德强调，秦国的农业发展不仅是技术进步的结果，更是政策的体现。通过控制水资源和推动农田的集约化，秦国实现了经济与军事能力的同步提升。这一时期的经济政策展现了国家力量与地方经济资源的高效整合。第五章探讨了秦帝国在统一后的资源管理策略。兰德指出，秦帝国的中央集权制度在经济管理中表现出高度的组织性，例如通过税收系统、土地分配和劳动力调动，实现了对资源的集中控制。然而，书中也强调，市场机制在资源分配中同样发挥了重要作用。例如，农民不仅缴纳税赋，还可以通过市场出售剩余粮食。此外，兰德还讨论了战争对生态系统的影响，例如修筑长城和大规模调动劳动力的工程如何加剧了土地退化和自然资源的消耗。这些讨论展示了早期国家在追求权力和稳定时付出的生态代价。书的最后一章探讨了秦帝国的环境政策对后续王朝的深远影响。兰德将中国的生态历史与其他古代帝国（如罗马帝国和美索不达米亚诸帝国）进行了对比，并指出尽管各文明的资源管理策略不同，但早期国家对环境的影响具有普遍性。他反思了人类活动如何塑造自然世界，并强调在历史研究中关注生态视角的重要性。

《惟王受年》以渭河流域为切入点，展示了农业技术、资源管理和社会权力如何共同推动了早期中国的政治与经济发展。本书不仅指出了生态变化对社会经济的深远影响，还揭示了农业国家如何在权力扩张中协调人与自然关系的复杂问题。因此，这本书不仅对中国研究具有重要意义，也为生态全球史研究提供了新思路。不过，本书聚焦渭河流域，对其他区域的讨论较少。这一局限使得书中提出的一些观点未能在更广泛的地理范围内得到验证。未来的研究可以进一步探索中国不同区域之间的生态互动，以及这些互动如何影响了国家的形成与发展。

（吴冬明　摘编）

古代中国的帝国网络

中华帝国在东亚南部的建立

马硕

Maxim Korolkov, *The Imperial Network in Ancient China: The Foundation of Sinitic Empire in Southern East Asia* (London: Routledge, 2022).

摘自尤锐（Yuri Pines）的相关书评，载 *Journal of Chinese Studies* 76 (Jan. 2023): 221–228。

马硕（Maxim Korolkov）的《古代中国的帝国网络》以秦帝国为研究对象，通过对迁陵及其周边地区的深入分析，探讨了帝国扩张的复杂性及其在南方边境的政治、经济与文化影响。这本书结合了古文字学、考古学和历史学，展示了秦帝国在边境地区如何整合新征服的领土，将其纳入统一的行政和文化体系。马硕的研究强调了"帝国网络"的概念，重新定义了帝国扩张的模式，这一模式不仅关注中心的权力结构，也强调边缘地区的能动性。马硕认为秦帝国的成功与其复杂的"网络式"管理密不可分。帝国不仅是一个通过暴力征服而建立的再分配体系，更是一个跨地域的互动网络，为参与者提供了重要的经济和政治机会。作者整合了地理学、社会网络分析和历史学的方法，分析这一网络如何在中心与边缘之间互动，从而促成了动态的帝国管理模式。

在书中，马硕首先概述了从新石器时代到战国时期（公元前453—前221年）长江中游地区互动空间的形成过程。他特别强调秦帝国在公元前4世纪至公元前3世纪的"南向转折"（southward turn）这一战略对秦国政治和经济基础的重要作用。本书核心章节聚焦秦帝国在迁陵的行政实践。

马硕通过分析里耶秦简、考古遗址和地方经济活动，展示了秦在这一偏远高地的复杂行政组织和管理。马硕指出，迁陵的行政资源十分有限，官僚系统人手不足，大量官员被贬谪至此。这种人力资源的匮乏加剧了地方管理的困难。此外，当地居民数量有限且分布稀疏，政府不得不依赖囚犯和徭役以维持基础设施建设和农业生产。然而，尽管面临种种挑战，秦政府仍在短短15年间显著地改变了迁陵地区的经济和社会格局，包括促进农业生产、开发矿产资源以及推动货币化经济的发展。马硕特别强调了地理因素在秦帝国南向扩张中的重要性。他详细分析了水路对军事、行政和商业的影响，例如灵渠的修建如何连接了长江流域与岭南地区的水系，从而显著提升了资源流动和行政效率。这些基础设施投资不仅在短期内巩固了秦的统治，也为后续王朝在这一地区的政治统一奠定了基础。本书最后探讨了秦帝国崩溃后南方边境地区的发展。尽管秦的统治时间短暂，但其行政和经济政策对后续汉代的治理产生了深远影响。例如，秦推动的社会重组和经济一体化在秦灭亡后得到延续，这表明秦帝国的遗产超越了其统治时期的短暂性。马硕将这一过程称为"一场巨大的实验"（a gigantic experiment），即如何将新征服的领土纳入一个前所未有的规模的政治实体。

《古代中国的帝国网络》是一部跨学科的杰作，为我们提供了一个多维度的秦帝国历史图景。作者通过"网络"分析，重新定义了帝国的扩张和管理模式，揭示出秦帝国在新征服领土上进行社会和经济重组的复杂过程，为我们理解秦及其他大陆帝国提供了新的视角。可惜的是，书中虽然详细讨论了秦代迁陵，但未能对其他边境地区的情况作深入分析，因此限制了其结论的适用性。

（吴冬明　摘编）

古代中国考古学的 3 种视角

莎拉・米利奇・纳尔逊

摘自：Sarah Milledge Nelson, "Review: Three Perspectives on the Archaeology of Ancient China," *Early China* 39 (2016): 285–294。

中国考古学

旧石器时代晚期到早期青铜时代

刘莉　陈星灿

Li Liu and Xingcan Chen, *The Archaeology of China from the Late Paleolithic to the Early Iron Age* (Cambridge: Cambridge University Press, 2012).

　　由刘莉和陈星灿共同撰写的这本书系统梳理了从旧石器晚期到早期铁器时代的中国考古学历史，以线性的叙述方式展示了从狩猎采集社会到早期国家的演变过程。作者继承了张光直的研究传统，以黄河流域为中心，探讨了夏、商、周文明在中国早期复杂社会中的核心作用。同时，作者也承认其他区域在这一时期的重要性，例如长江流域和西北地区对文化多样性的贡献。本书涵盖了多个关键主题。首先，作者探讨了早期人类如何适应环境变化，以及动植物驯化对农业兴起的推动作用。其次，通过对陶器、玉石器和青铜器的分析，书中展示了从聚落到城邦再到早期国家的社会演化过程。最后，作者聚焦晚商文明，基于考古遗址和物质文化，讨论了早期中国文化发展的高峰。尽管本书对考古数据进行了详尽整理，但其分析过于偏重黄河流域，对长江中下游和西北地区的研究深度不够。不过，作者在生态与环境适应方面的探讨，为理解早期社会的演变提供了重要参考。

古代中国中部
长江流域的中心与边缘

付罗文　陈伯桢

Rowan Flad and Pochan Chen, *Ancient Central China, Centers and Peripheries along the Yangzi River* (Cambridge: Cambridge University Press, 2013).

　　付罗文（Rowan Flad）与陈伯桢的著作以长江流域，尤其是长江中游为研究重点，重新定义了中心与边缘的关系。通过对四川盆地和三峡地区的深入研究，两位作者展示了边缘地区如何在文化传播中扮演重要角色。书中探讨了几个核心议题，包括区域性与互动性、盐的经济价值以及丧葬习俗与社会身份之间的联系。作者通过对三星堆和金沙遗址的研究，揭示了这些区域文化中心的独特性。这些遗址的复杂性不仅挑战了传统的中心－边缘叙事，也展示了边缘地区的文化对早期国家形成的重要影响。此外，书中特别强调了盐在区域经济中的关键作用，分析了其生产与贸易如何反映经济与社会的动态关系。通过对墓葬的详细分析，作者还探讨了仪式与社会结构的关系，展示了丧葬习俗如何反映社会身份的建构。这本书为理解长江流域在中国早期历史中的重要性提供了全新视角。

早期中国考古学

从史前到汉代

吉迪

Gideon Shelach-Lavi, *The Archaeology of Early China, from Prehistory to the Han Dynasty* (Cambridge: Cambridge University Press, 2015).

吉迪（Gideon Shelach-Lavi）在书中着重探讨了边缘与中心的互动，特别关注北方和西北地区对中国早期国家形成的贡献。作者结合考古数据与人类学理论，分析了地方社会如何通过技术传播、贸易和迁徙，促进文化整合并对政治格局产生深远影响。例如，书中详细阐述了边缘地区的青铜器生产如何影响了周代的扩张及战国时期的权力结构。作者强调，文化传播是一个多向互动的过程，而非单向的由中心扩散。此外，地方身份的形成被视为理解秦汉以前文化多样性的关键。作者采用的边缘视角为理解复杂社会提供了全新的方法，并扩展了传统的以中心为主的叙事框架。

3 本书在研究方法上各有特色。刘莉和陈星灿的著作以时间顺序和生态适应为主线，构建了系统性的历史框架；付罗文与陈伯桢强调边缘与中心的互动，特别关注经济活动的作用；吉迪则聚焦地方实践，揭示了文化多样性的来源。3 本书不仅为研究者提供了丰富的考古数据，也为中国古代考古学的理论框架注入了新的活力。尤其是在挑战中心论和强调多区域互动方面，这些著作具有重要意义。它们的研究方法和成果将继续推动学术界对中国古代复杂社会的探索，未来的研究应尝试整合这些视角，进一步深入探索地方文化与国家形成的动态关系。

（吴冬明　摘编）

大地诸结构

中国中古早期的诸元地理学

戴维·乔纳森·费尔特

David Jonathan Felt, *Structures of the Earth: Metageographies of Early Medieval China* (Cambridge, MA: Harvard University Asia Center, 2021).

摘自阿列克西·李卡斯（Alexis Lycas）的相关书评，载 *Early Medieval China* 28 (2022): 106–109。

本书呈现了关于中国中古早期地理知识史的一项重要研究，全书表述清晰，信息丰富，没有行话，行文流畅，能够给读者带来愉快的阅读体验。本书围绕 4 个主题章节展开，每个章节的标题都通过作者在分析中所采用的概念或空间对立传达出微妙的意味。全书由导言和介绍地理写作类型的第一章开篇，末尾是结论，讨论了主要章节中考察的主题，并评估了它们在中古晚期及其后的命运。4 个研究主题所涉及的概念包括地域性、边界、自然地理学以及相互竞争的世界秩序。它们同样遵循着时间上的先后顺序展开，并在最后两章聚焦到了郦道元的《水经注》之上。作者戴维·乔纳森·费尔特（David Jonathan Felt）的目标是展示 4 种目视世界的方式，他要借助历史学或历史编纂学的对立来做到这一点。

导言和第一章对于读者了解古代尤其是中古地理知识的演变过程和确切历史特别有用，展示了地方写作和地域性在中古早期知识构建中的重要性。作者展示了地理写作在 3 世纪的勃兴、4 世纪的爆发和 5 世纪的充实，其中对于地方写作论述尤详。大体同意费尔特的分析，只是想指出这一时段大量地理文献都是零散存世的，其作者亦往往难以断言。

第二章则基于 3 世纪至 5 世纪间的地方写作，探讨了政治意义上的"帝国"与文化意义上的"大地"之间存在的地域性问题。费尔特展示了地方与帝国之间在习俗、记忆以及帝国南拓带来的剧变等问题上的紧张关系。他对左思《三都赋》中的"地理现实主义"进行了中肯的分析。接下来则考察了长江流域地理生产的爆发，并进一步解释了南方由行政地理学意义上的概念向得到了物质占用的转变，在这一过程中，南方由"奇异"变得"美丽"。

在第三章中，作者介绍了隋唐作家为描述 5、6 世纪而构建的南北二元对立的政治史。他采用了"建康帝国"（Jiankang empire）的表述，以与"拓跋帝国"相对，这样做的目的是突出"相互竞争的帝国中心"之间的各种对峙，这些对峙在争夺文化遗产和不同地方习俗的斗争中找到了各自的合法性。费尔特的分析是可靠的，只是这一章不少论述偏离了地理知识这一论题。

最后两章是对这一系列对峙的继续探讨，第四章关于山与水，第五章则关于东方与西方，这里的关键文本是《水经注》。具体而言，第四章讨论的是"水文化景观"。费尔特对于水与山的文化地位与作用都进行了启发性的探讨，水的基要性支撑了《水经注》的结构，而山则发挥着临界空间的功能。作者论述的最后一种元地理学则涉及中国佛教的综合，他指出这尤其体现在昆仑山和阿耨达山的对称性上，这使得郦道元能够发展出两极世界的概念，反映出一种二分的水文结构。正是在这一点上我不敢苟同。尽管我同意这一中印两极的建构，但我认为它应该得到更细微的审视，我们必须考虑到郦道元在写作时手头材料（奇闻、帝国记载、佛教地理书）的限制。与此相类，由于其原始的"水文化"结构，以及作为为数不多的几乎完整留存的前现代地理文献，《水经注》可能被赋予了过多的回溯式重要性。无论如何，郦道元最重要的贡献确如作者所述：他将某些中国本土的非中国中心观与佛教文献中新的世界描述综合起来，创造了一个具有独创性的以位于中国和印度之间的宇宙山为中心的世界模型。

总之，我认为费尔特的许多论点都令人信服，他为思考中国化世界的历史和空间背景提供了一个替代性的框架，而他所分析的动力学机制也使其能够解构一些关于中国之成为"中国"演变的目的论解释。不过我最后必须指出两点不同意见。首先，我认为作者过分强调了隋唐人对于中古早期地方写作乃至一般意义上的地理学的漠视，其目的是强化他的假设。其次，我对用"元地理学"来描述历史过程的有效性持保留态度，费尔特对它的使用实际上等同于"空间表征"。如果问题是将郦道元等历史人物的理解与我们自己对过去的看法相区分，那么"元地理学"这个概念是有用的；但是，如果说我们作为观者确实创造了一种元地理学的形式，那么这个概念就会变成历史编纂学意义上的，由此便遮蔽了它试图阐明的历史过程。

（杨朗 摘编）

杜威与儒家思想

文化内哲学实验（第二卷）

江文思

Jim Behuniak, *John Dewey and Confucian Thought: Experiments in Intra-Cultural Philosophy, Volume Two* (Albany: State University of New York Press, 2019).

摘自陈素芬（Sor-hoon Tan）的相关书评，载 *Journal of Chinese Philosophy* 50 (2023): 333–337。

　　《杜威与儒家思想：文化内哲学实验》生动地证明了杜威（John Dewey，1859—1952）访华期间及之后的现实问题和经验如何塑造了他的"文化转向"。关于杜威访华的早期研究主要集中在他对中国的影响上，而本书则转而追踪中国社会和思想对于杜威的影响，因为杜威在华讲演中实验性地提出了一种新的社会哲学，而这种社会哲学贯穿于他后来的著作之中。本书还将杜威与儒家思想联系起来，以支持一种关于儒家思想的诠释，旨在纠正依附于希腊－中世纪假设的常识性观点中的不足之处和不合时宜之处，同时挑战基于最终原因、不变真理、各别实质、固定目的及本质属性诸假设的本质主义的、目的论的诠释。本书广泛参考了杜威的通信、全集、新近发现的杜威关于社会政治哲学的在华讲演笔记、先秦儒家典籍、新近出土的中国古代典籍、相关二手文献以及有关各种主题的科学和社会科学研究著作。

　　本书的第二卷继续探索杜威在其职业生涯最后阶段的哲学发展中、在其与中国文化的相遇中重新构建的从事跨文化哲学研究的新方法。在作者江文思（Jim Behuniak）关于杜威文化内方法的论述中，"哲学在本质上是遗传－功能性的（genetic-functional）——既位于文化之中，又是关于这一文化的一种批判和建构模式"。这意味着，哲学比较从来都不是在文化之外进行的。

江文思将杜威以文化内方法阐述的人性观与后现代相对主义的"白板"（blank slate）观区分开来。杜威的文化内自然主义接受"人类经验中存在着共同的、天生的、前语言的本能和功能"，但否认生物遗传决定一个人的命运。与其说自然与文化对立，不如说二者共同作用，因此，"文化状态决定了天生倾向的秩序和安排，正如人类本性为获得自身的满足而产生出了任何特定的社会现象集合或系统"。江文思将这种自然文化主义与儒家思想的关键假设"天人合一"联系在一起，为随后章节所探讨的诸多相似之处奠定了基础。

杜威和孔子最重要的相似之处在于他们都认为教育对人类文明至关重要。江文思对孔子的教育学说进行了精辟的分析，既承认孔子对古典传统的尊重，又将传统形式的功能逐步展现出来，即《论语·泰伯》第八章中"兴于诗，立于礼，成于乐"中的"兴"、"立"和"成"。进步与保守之间的有效协商对于通过教育实现成长举足轻重，江文思借助有关文、质平衡的段落阐明了《论语》对于这一过程的理解。这种动态平衡与中国的自然哲学［在《杜威与道家思想》（*John Dewey and Daoist Thought*）中讨论过］以及中国思想中的指导性价值观念——"和"共同发挥着作用。

杜威在中国学到的重要一课是中国的"生活共同体、文明统一感、习俗和理想的永恒连续性"。《习俗与重建》（"Custom and Reconstruction"）一章令人信服地论证了这是如何促使杜威重新评估习俗在文化中所扮演的角色的。初到中国时，杜威认为习俗是"外在的"，因而并非道德的源泉，但从中国回到美国后，他开始认为"并非在习俗之外的道德权威和习俗以内的道德权威之间进行选择，而是在采用更多或更少明智而重要的习俗之间做出选择"。江文思还认为，杜威的"习俗模式"（custom-patterns）一词是对儒家术语"礼"的一种合理的翻译。杜威访华后变得"更加儒家",因而用借助儒家术语提出的问题来回应中国国情。杜威和孔子都主张批判性的"思"与传统及礼仪－习俗相伴而生——并非对立,而是制衡。

本书还试图解构基于希腊－中世纪的诸种假设对儒家思想所作的诠释,代之以对自然化的"天"的解读来支撑儒家伦理和宗教思想。江文思认为对于《论语》的美德伦理解读是成问题的,因为这种解读对于人性的理解是亚里士多德式的,而《论语》中缺乏任何能够为美德理论奠定基础的人性理论。江文思还批评用"天道"取代人性作为美德伦理的基础,因为《论语》中提到"天"的几段话并不支持有神论和智性意图的字面解读。

对天的自然主义解读伴随着对人性作为"在一种生物－环境的循环回路中得到强化的'势'"的非目的论理解。"性"也并非"被具体化和归结为基本(或固定)属性的一个'东西'",而只是"描述了事物自发行为的方式"。这样,江文思为《孟子》的自然主义解读作出了辩护,认为它更重视人的努力和经验,并且与最新的科学知识相一致。

江文思还将儒家的"和"的观念与杜威的成长概念联系了起来。他考察了家庭及其礼仪－习俗,以阐明"和"与成长之间的动态关系。用"和"来评价人与人之间的关系,也将儒家的修身与杜威的观点联系起来了,因为杜威认为唯一的道德目的就是内在于人类活动之中的成长,而非某种外在的终极目的。本书最后还通过儒家的"诚"的概念探讨了宗教性。

（彭姗姗 摘编）

陈翰笙

中国最后的浪漫主义革命家

斯蒂芬·麦金农

Stephen MacKinnon, *Chen Hansheng: China's Last Romantic Revolutionary* (Hongkong: The Chinese University of Hong Kong Press, 2023).

摘自范鑫（Xin Fan）的相关书评，载 *The China Journal* 92 (Jul. 2024): 168–170。

斯蒂芬·麦金农（Stephen MacKinnon）为中国学者和政治活动家陈翰笙（1897—2004）所作的传记，对于任何有兴趣研究共产主义革命、社会科学在中国的兴起以及中国与外部世界的复杂关系的中国近代史专业学生来说，都应该是必读书。有两个令人信服的理由支持这一论断。首先，陈翰笙的重要性怎么强调都不为过。他与李大钊、蔡元培和宋庆龄等在中国近代史上影响巨大的人物关系密切。此外，陈翰笙对于社会科学领域论战的贡献，尤其是有关中国农村经济的贡献，在后毛泽东时代的政治决策中仍有回响。其次，麦金农自 1970 年代末以来多次采访陈翰笙，在此基础上对他进行了长达 40 年的潜心研究，功力深厚。他的叙述既细致入微，又颇能共情；在进行史料批评和历史分析的同时，又保持着批判的立场。

这部传记共分 13 章，翔实记录了陈翰笙的人生经历，从他清末在无锡的家庭背景开始，追溯他在国内外的思想发展历程。全书贯穿着两大主题：他的学术追求和政治活动。在其职业生涯中，陈翰笙扮演了各种各样的角色：五四运动后，作为"宝宝教授"执教于北京大学；在日本，以批判者的身份参与辩论，挑战魏特夫（Karl August Wittfogel，1896—1988）关于水利社会的观点；作为中央研究院的首席研究员，组织聚焦中国农业经济的一系列关键性农村调查；在美国作为太平洋国际学会（Institute of Pacific Relations）的分析师，针对中国战时状况和经济面貌提供洞见；此外，还为中国科学院世界历史研究所的成立贡献良多。

陈翰笙也积极投身于政治活动。1926 年，他加入共产国际，并于 1935 年加入中国共产党。1927 年，他与妻子顾淑型一起到位于莫斯科的第三国际农民运动研究所工作，并与托尔斯泰的女儿、尼古拉·布哈林（Никола́й Ива́нович Буха́рин，1888—1938）的父亲、斯大林的第一任妻子等交往。他后来的政治活动跨越了几大洲。他详细介绍了美国总统罗斯福的经济顾问劳克林·居里（Lauchlin Currie，1902—1993）赴华与蒋介石会见前后的诸多细节。他与宋庆龄在多个项目中合作密切，包括抗战期间香港的工业合作运动。在印度，他与学者和政治家建立了友好联系，曾在抗战期间与尼赫鲁会面，并于 1950 年代正式访问印度。在周恩来和李克农等领导人的保护下，他挺过了"文化大革命"，并在整个改革开放时期保持着备受尊敬的地位。

一些学者指责陈翰笙早年在北京以及在印度和美国从事研究期间卷入了间谍活动。麦金农认为这是缺乏证据的说法，造成此种误解的原因之一是陈翰笙在回忆录中使用了"情报"一词，但它其实并不等同于英文中的 intelligence，而仅仅意指信息。

本书的优势在于将陈翰笙的人生经历置于 20 世纪更广泛的社会政治背景之下考察，并超越了中国近代史的界限，深入讨论了他跨越美国、德国、日本和印度的全球之旅。陈翰笙一生事业的核心是一种强烈的反帝国主义的国际主义意识，正是这种意识将其学术追求和政治活动融为一体。因此，陈翰笙的生活和工作不仅在近代中国的背景下至关重要，在更广泛的全球历史范围中亦不可或缺。

（彭姗姗　摘编）

爱国与抵制

近代中国的地域文脉与对日关系

吉泽诚一郎

吉澤誠一郎：《愛国とボイコット——近代中国の地域的文脈と対日関係》，名古屋大学出版会，2021。

摘自熊本史雄的相关书评，载《现代中国》第 96 号（2022 年 9 月）。

近代中国的抵制外货运动，是排日、抗日运动中的一种常见现象，也是中日关系史研究领域的重要议题。有别于以往以"中国民族主义"一语概之的解释框架，日本东京大学吉泽诚一郎教授结合运动参与者（学生、知识分子、工商业者、工人）各自的言论及行动的差别、地域差异、与经济动机或外交悬案的关联性等因素，以实证的方法揭示出中国各地开展的运动所蕴含的固有原理和动态变化，阐明了在"爱国"与"抵制"之间蕴含的紧张关系相互融合，最终汇聚升华为全国性运动的过程。

本书分为 7 章，撷取 20 世纪初至 1920 年代因"二辰丸"案、第三次《日俄密约》签订、中日"二十一条"交涉、五四运动、收回旅大运动、五卅运动等事件，而在广东、上海、武汉乃至东南亚等地爆发的对日抵制运动，勾勒出其中的地域个性和参与阶层的多样性。吉泽一方面从深层次挖掘抵制运动的成因，呈现了这些运动的丰富面向。如：指出民初爪哇华侨对日本的反感源于日本人开辟新航线并企图掌控日本产品的出口；五四运动中上海工界表现突出，成为与学界、商界并驾齐驱的一股力量背后，是其对自身定位的肯定，希望提高关注度，融入"国民共鸣圈"；而收回旅大运动之所以在远离东北的武汉兴起，不仅是为了阻止日本在武汉的经济扩张，也是出于可能被上海经济圈吞并的危机感而萌发的抵抗。另一方面，他注意到贯穿于抵制运动过程中的爱国心问题，先考察 1915 年梁启超、章士钊、陈独秀、李大钊、杜亚泉等知识分子就国家在困境中的未来以及国民应有的态度展开的各种讨论，展现了爱国运动推动下言论空间的广度与深度，继而探究了从五四运动到五卅运动"爱国"意识广泛扩散至全国的原因，强调国民自觉、民族意识的形成与抵制运动对广大民众的动员存在密不可分的关系。

本书的精彩之处在于从"文明化"的角度对抵制运动中暴力与正义的问题进行了剖析。抵制运动是 20 世纪初以来反西方逻辑的集中体现，其内涵的转变包括两个阶段：第一个阶段是主张当政治和法律都无法实现正义时，采取直接的集体行动是正当的；第二个阶段是当为达到抵制目的，原本应采取文明举动的学生诉诸激进手段时，又辩称激进手段是正当的。五四运动是这一"悖论"形成的关键时期，而日本外交官和知识分子未能及时理解这种逻辑的实质，这也为 1920 年代至 1930 年代的中日关系带来了深远的影响。

此外，本书的尝试也从方法论的角度提示人们仅依据日本外务省外交史料馆所藏档案来研究中日关系存在局限性。无论驻华的外交官向外务省提交的中国国内运动相关报告有多么详细，他们在多大程度上能够洞察运动参与者所面临的地域问题的固有性、与域外的关联性和运动中存在的"悖论"是极不确定的，而且很难举出明确的事例来表明外务省或军方因受到中国民众运动的压力而对其强硬政策有所收敛，从他们的报告或训令、电报中也很难释读出潜藏于运动中的深层原理和逻辑。因此，本书运用细致入微的考证，从中日关系的历史维度解析近代中国抵制运动的手法，无疑为日本外交史的研究提供了镜鉴。

（薛轶群 摘编）

颠覆分子

约翰·T. 唐尼的命运与美国中央情报局在中国的秘密战争

鲁乐汉

John Delury, *Agents of Subversion: The Fate of John T. Downey and the CIA's Covert War in China* (Ithaca: Cornell University Press, 2022).

摘自裴若思（Jane Perlez）的相关书评，载 *Foreign Affairs* 102, no. 2 (2023): 162–167。

　　1952 年秋天，两名年轻的美国中央情报局（CIA，以下称中情局）特工在朝鲜登上一架没有标识的 C-47 飞机飞往中国东北地区，他们的任务是接应一名在中国潜伏了数月的特工。当飞机接近接应地点时，机身被一阵密集的炮火击中，飞机随即坠毁，两名飞行员丧生，两名特工被俘虏。这次失败的秘密行动几十年来一直被隐瞒。被俘的约翰·T. 唐尼（John T. Downey，1930—2014）和理查德·G. 费克图（Richard G. Fecteau，1927— ）在中国的监狱度过了 20 年，最终费克图于 1971 年获释，唐尼则在 1973 年获释。这一结果源于时任美国总统尼克松和国务卿基辛格的外交斡旋，以及唐尼母亲不懈的奔走努力——她曾 5 次前往中国探望被囚禁的儿子。而被美国政府蒙骗的媒体，对这起事件几乎没有表现出任何兴趣。

　　韩国延世大学鲁乐汉（John Delury）教授的著作分 16 章讲述了这次搞砸了的秘密行动以及它所处的那段黑暗而荒诞的时期。唐尼和费克图飞往中国东北的行动只是朝鲜战争期间中情局策划的所谓"第三势力"的诸多行动之一。自 1940 年代就开始流传的"第三势力"概念是，中国的合适领导者既不是激进的共产党人，也不是独裁的国民党人，而是走中间路线的另一派势力。按照这种思路，华盛顿方面认为，通过支持"第三势力"，就可以煽动颠覆活动，从而动摇其意识形态上的对手，因此发起了一项管理混乱的针对共产党领导的破坏计划。实际情况表明，中情局的尝试没有一例是成功的。有两年时间华盛顿方面都认为唐尼和费克图已在坠机事故中丧生，直至1954年的11月25日毛泽东宣布了这两个人被囚禁的消息。这再次在艾森豪威尔政府内部引发了关于对中国做些什么的争论，随后美国驻日内瓦代表团就营救两人与中方展开谈判。1956年，北京方面提出邀请美国记者来中国报道国内情况，并将释放这两个人作为交换条件。中国政府还要求华盛顿方面承认唐尼和费克图确实是中情局特工。时任美国国务卿约翰·福斯特·杜勒斯（John Foster Dulles，1888—1959）拒绝考虑这一计划，他声称美国不会与共产党人做交易。

鲁乐汉教授凭借出色的叙事技巧和对超现实细节的敏锐捕捉，描绘了朝鲜战争后华盛顿方面的绝望情绪，以及决定动用刚成立不久的中情局试图颠覆共产党政权的灾难性决策。从一个不太起眼的故事出发，鲁乐汉以宏观的视野审视了1950年代华盛顿对共产主义中国的整体执念，以及后来尼克松和基辛格的外交举措。唐尼和费克图承受的苦难，正是未能理解或者盲目地不愿承认共产党已完全掌控中国这一事实的直接后果。这种失败一直延伸到了最高层：在艾森豪威尔担任总统期间，他始终低估了毛泽东，却高估了蒋介石。

1969年当唐尼和费克图仍然身陷囹圄，且华盛顿方面依旧拒绝承认中国政府之时，耶鲁大学历史学家史景迁（Jonathan D. Spence，1936—2021）出版了《改变中国：在中国的西方顾问（1620—1960）》（*To Change China: Western Advisers in China, 1620–1960*）一书。他在书中详细阐述了数百年来西方主导的旨在改变中国的诸多尝试，从16世纪末耶稣会士利玛窦试图在中国传播天主教，到二战末期美国众多将领的部署情况，不一而足。作为史景迁的学生，鲁乐汉追随这位杰出导师的脚步，通过一个引人入胜的案例，说明了长久以来美国渴望在中国建立所谓"民主"的冲动为什么是不切实际的，甚至是不明智的。

本书所叙述的美国对共产主义中国所行态度的故事，在中美关系遇有挑战的今天尤其具有现实意义。当重新回到冷战时期秘密颠覆模式的诱惑日渐强烈的时候，鲁乐汉强调了理性思考和克制在外交决策中的重要性，提醒人们不应忘记历史的教训，不可因恐惧和偏见采取过度的行动。

（薛轶群　摘编）

隐蔽的殖民主义

港英政府的治理、监控和政治文化（约 1966—1997）

弗洛伦斯·莫

Florence Mok, *Covert Colonialism: Governance, Surveillance and Political Culture in British Hong Kong, c. 1966–97* (Manchester: Manchester University Press, 2023).

摘自约翰·P. 伯恩斯（John P. Burns）的相关书评，载 *The China Journal* 92 (Jul. 2024): 177–179。

弗洛伦斯·莫（Florence Mok）的新著《隐蔽的殖民主义》考察了港英政府在 1966 年到 1997 年间理解和回应舆论的尝试。与前人一样，作者认为政治活动是 1970 年代的突出特征，而多元的政治文化又因年龄、社会阶层和教育水平的不同而参差各异。本书的新颖之处在于，广泛利用了英国和其他相关的档案，深入探究了官员们隐蔽的舆论监督计划。官员们从 1968 年以来的市政论坛（Town Talk）和 1975 年以来的民调计划（Movement of Opinion Direction，MOOD）中总结了他们的成果。政务总署编写了这些总结，并将它们分发给港英政府领导人。

本书的核心部分是聚焦于 1970 年代各种运动的 6 个个案研究，包括将中文定为一种官方语言、反腐败、阻止或限制电话费加价、重开宝血女子中学、限制内地移居以及保留获得英国公民身份的途径。作者采用一个共同的框架来分析每个个案，重点考察主要山下而上的政治活动、运动是如何发展的，政府的回应，以及这些活动、运动对于香港不断变化的多元政治文化的启示。本书突出介绍了媒体的报道，却在很大程度上忽视了"左派"媒体（为什么？）。

个案研究追踪了香港人尤其是年轻人在 1970 年代参与政治的各种非正式策略。市民们组织静坐、请愿、示威、写信和签名运动、抵制以及公开联合申明。富人由于与体制关系密切，对于体制外的人所采取的种种更加绝望的方法"不屑一顾"。

作者认为，隐蔽地收集民意在香港开辟了一条新的政治参与渠道。一些市民可能利用这些调查来"影响公共事务"。但鉴于官方舆论收集的被动性质，可能大多数试图影响公共事务的市民都会采用其他手段。

作者似乎假定政府的意图大多是温和的，是试图改善公共政策。然而，政府征求意见出于多种原因。首先，如同作者所指出的那样，他们这样做是为了避免政治动荡，使殖民统治合法化。其次，当局可以利用更广泛的意见来对抗政府认为激进的变革要求。再次，舆论监督计划为官员们拖延回应时间提供了掩护。最后，官员们也试图形塑舆论，利用动员起来的"舆论"游说英国当局推行官员们所决定采取的政策。

显然，舆论监督计划是"隐蔽的"（没有公开承认），但并非秘密的。在 1970 年代，成千上万的人接受了民意调查、民意测验，因此，他们肯定对这一计划有所了解。自 1980 年辞去民政署署长开始，华乐庭（John Charles Creasey Walden，1925—2013）就开始公开讨论这一计划的调查结果。但即使是华乐庭，也并未在著作中明确透露这一计划的存在。

本书展示了专制的港英政府官僚对于社会态度的演变，以及香港在 1997 年以前的非殖民化进程，并深化了我们对于 1970 年代港英政府统治的理解。它的优势在于使用了从前被忽视的档案来考察 1970 年代的舆论和香港多元政治文化的演变。

（彭姗姗 摘编）

香港的公屋和寮屋

地缘政治和非正规形式（1963—1985）

艾伦·斯马特　冯志强

Alan Smart and Fung Chi Keung Charles, *Hong Kong Public and Squatting Housing: Geopolitics and Informality, 1963–1985* (Hong Kong: Hong Kong University Press, 2023).

摘自叶健民（Ray Yep）的相关书评，载 *The China Journal* 92 (Jul. 2024): 179–181。

　　艾伦·斯马特（Alan Smart）是研究香港住房发展的权威。他此前出版的关于公屋政策起源和演变的著作是任何对于香港社会和经济发展有兴趣的人的必读书。在这本与冯志强（Fung Chi Keung Charles）合著的新著中，斯马特对本地历史和政策进程作了精彩的论述。本书既在理论层面雄心勃勃，又对档案资料进行了细致的解读。对于有兴趣了解香港历史及港英政府的社会政策的读者以及研究公共行政和做政策分析方向的学生而言，本书都是必读书。

　　本书阐述了 1960 年代至 1980 年代港英政府在寮屋管制方面的主要决策。尽管寮屋帮助贫民度过了香港战后的艰苦岁月，但政府认为寮屋是一种"非正规形式"（informality），会破坏香港迈向现代化和发展的进程。然而，政府是如何在从容忍到管制或根除的宽广的政策选择范围中做出决定的？具体而言，政府是如何决定在 1984 年开展寮屋占用情况调查的？正是这项调查，重新界定了永久性公共住房的资格，对寮屋的终结产生了重大影响。

　　本书重新评估了占据主流地位的地缘政治解释的有效性。一般认为，

1984 年《中英联合声明》签署后，两国之间的友好关系为采取更为明确的措施铺平了道路。但本书认为，虽然这为转向协商处理提供了必要条件，但这种思路的说服力却由于官方记录中缺乏相关证据而大打折扣。相反，本书考察了一长串可能影响了政策选择的相关变量：面对不同的公屋需求者（例如，新移民与本地居民、灾民与低收入群体）时对于公平性的考量、政府能力（例如，协调官僚机构的困难、资金安排、住房建设进度以及监督能力）、政府的亲市场倾向，以及城市景观带来的限制。

两位作者认为，不能用单一因素来解释最终的选择，相反，应该用"政策混杂方法"（policy mangle approach）来评估政策决定。换句话说，政策发展应该被视为政策选择、失败和突发事件的综合产物，这一过程是人类努力与物质限制之间不断进行调适与抵制而达成的对立统一。虽然这并非政策过程理论家会推崇的优雅模式，但这一详尽的分析确实为殖民统治时期香港住房政策发展的复杂性和逻辑性提供了强有力的和令人信服的解释。

本书的贡献不仅在于对寮屋管控的研究，还揭示了殖民统治时期香港岌岌可危的地位。港英政府官员面临的主要挑战包括：伦敦受自身政治议程驱动，对香港的财政援助有限；共产党人的挑战；亲商立场在阻碍了财政收入的同时，却需要为私营企业的发展提供稳定的土地供应；必须安抚当地民众。本书揭示了平衡上述形形色色、偶尔相互冲突的关注点是多么错综复杂，并阐释了政府的政策努力空间是如何由这些关注点决定的。

有的问题值得进一步探讨。本书指出，英国政府的干预加快了对寮屋问题的回应，但英国政府为什么要干预呢？其在 1960 年代对香港的影响力又是怎样的？还有，寮屋居民的反抗在政策制定过程中是如何体现的呢？

（彭姗姗 摘编）

争
鸣

一画两帝王：雍乾二帝的文化企图

对 1737 年清院本《清明上河图》的再阐释

王正华

摘 自：Cheng-hua Wang, "One Painting, Two Emperors and Their Cultural Agendas: Reinterpreting the *Qingming Shanghe* Painting of 1737," *Archives of Asian Art* 70, no. 1 (Apr. 2020): 85–117。

　　《清明上河图》是一系列创作于不同时代的手卷的统称，这些作品均拥有横向的三段式构图，一条贯穿整个画面的河流将由桥梁、城门分隔的场景串联在一起，借以表现日常生活的各种细节。它们的原始母本是传为北宋晚期画家张择端所作的《清明上河图》。在后世的本子中，由雍正帝授意创作，并于乾隆帝在位初年装裱的 1737 年清院本《清明上河图》（以下简称 1737 年本）则是清代宫廷绘画中"清明上河"主题的代表作。

　　1737 年本素来是学界关注的热点，相关学者已据此对乾隆宫廷的"临仿"理念和行为、清代院画的制度机制、画作的风格表现以及政治意涵等层面作了深入的探索。此卷是雍正宫廷的重要图像工程，其特点揭示了雍正关于绘画艺术相对含混的趣味和想法，乾隆则通过题跋、钤印等副文本为其赋予了在《清明上河图》图像传统中的价值，并界定了它在清代宫廷绘画中的地位。本文试图以新的方式从雍乾二帝的角度来阐释此画的主要风格特征和文化意义。

街景、剧场性与观看性

与之前的《清明上河图》相较，1737年本标举的是充斥着有趣细节的街景，这些细节包括都市生活戏剧和精美建筑群。这些场景出现在画作的最后一部分中，这也是《清明上河图》三段式结构中通常用来表现城市生活场景的位置。张择端本强调的是前两个部分中的河运场景，用以表现人物活动的第三部分相对次要。到了17世纪，以辽宁省博物馆藏（传）仇英本为代表的本子中，店铺鳞次栉比的街道已经成为活跃画作氛围的主要空间。但在这类作品中，身处街道空间中的绝大多数人物都是来去匆匆的行人，街道本身也只发挥着功能性的通道作用。吸引观众目光的是各行各业的店铺和商业场景，而不是在街头穿行的人物。

1737年本保留了对街景的兴趣，并对街道上的人物进行了戏剧化处理，将街道从"通道"转变为"舞台"。1737年本的视角远高于此前诸本，街道空间成为视觉焦点。街道/舞台中上演着两种戏剧性场景：一是职业街头艺人的表演，这类表演虽然在此前诸本中也很常见，但1737年本中的表演更为丰富，包括走绳索、傀儡戏、搏击等类型（图1）；二是源自日常生活的戏剧性场景，画家借助风俗画传统中的细节，将它们提取、升华为各种生动的小故事（图2）。背景中有一座壮丽的花园和一幢西洋建筑，这些建筑元素本身就构成了舞台布景，为充满戏剧性细节的街景奠定了基调。利用建筑来塑造视觉效果是清代宫廷绘画的主要成就之一，而1737年本为这一风格在此后的发展树立了先例。

图 1　陈枚、孙祜、金昆、戴洪、程志道：《清明上河图》（1737）局部，绢本水墨设色，
　　　台北故宫博物院

图 2　陈枚、孙祜、金昆、戴洪、程志道：《清明上河图》（1737）局部二幅，绢本水墨设色，
　　　台北故宫博物院

　　除了上述细节以外，画面中存在大量"用手指""用眼睛看"这样的动
作，它们能邀请画外观众重复这些动作，以强化作品的剧场性。1737 年本

为都市生活赋予了一种全新含义——整座城市都是一个舞台。

雍正的赞助

现存史料没有提及 1737 年本的创作过程或是雍正对此画的看法。雍正雅好艺术，潜邸时便意识到图像媒介在政治表达方面的作用。他授意创作的大量画作都拥有高度的戏剧性。他在登基前委托创作的《耕织图》以其本人形象入画，旨在取悦其父康熙。在雍正登基后御制的画作中，与 1737 年本在形制、风格和尺幅上最相接近的是郎世宁（Giuseppe Castiglione，1688—1766）绘制的《百骏图》。《百骏图》完稿的时间（1728 年）也恰好是 1737 年本创作工作启动的那一年。《百骏图》与 1737 年本分别在乾隆登基后的第三个月与第二年进呈给他。这种时间上的重合绝非偶然，这两幅大画作显然是作为前代帝王的宏大制作而得到乾隆的关注。

这两幅画都用高视角表现了壮阔的山水景致，不同空间层次拥有丰富的细节。与 1737 年本一样，《百骏图》也有大量叙事场景。更重要的是，这两幅画都重新阐释了古老的绘画主题，它们展现了雍正重构汉族绘画传统的方式。"清明上河"这一主题虽然可以追溯到北宋，但张择端本在 1737 年本完成多年之后才进入内府，因此 1737 年本吸收了大量明末清初同题画作的人物活动场景，这意味着这幅画在创作时拥有海纳百川式的抱负。此外，画作中的场景恢宏壮丽，充满皇家气象，亦与此前的本子截然不同。这是一幅致力于表现视觉愉悦的画作，高视角为此画的观众赋予了一种"占有感"，再加上画中的戏剧性场景与精巧建筑，它显然能够吸引雍正、乾隆的注意力。

副文本元素

通过《康熙南巡图》等例证，学界已经证明了乾隆通过艺术作品和艺术事业对祖父康熙的效法和尊崇。与之相较，雍正与乾隆之间在艺术层面的联系显得更为隐秘，也较少得到学界的关注。乾隆在位长达 60 年，理解其文化理念的关键在于分期。在登基后的头 15 年（1736—1750）里，乾隆确立了自己的宫廷绘画理念，并掌握了这一理念表现大清帝国的方式，这又通过对 1737 年本的理解与重构来完成，而后者代表的是其父雍正的文化理念。

1737 年本完成于乾隆元年 12 月，画尾加了一条用以表明创作日期和创作人的题款。两个月后，乾隆帝下令装裱此画。1742 年，他在看到装裱完的画作后写了一首诗，并让词臣梁诗正将其题写在卷前，梁本人也在画心起首处题写了"绘苑璃瑶"四字（图 3）。乾隆对"清明上河"这一主题的看法最早表现在一首关于（传）仇英本《清明上河图》的诗作中，此时（1734 年）乾隆还是宝亲王，较之画作的风格与品质，他更关心的是它们的主题与内容。乾隆在诗中认为，此画表现了鼎盛时期的汴京，并在其中穿插了他对北宋政权（特别是其覆灭）的认识。他试图效法其父在登基前

图 3　陈枚、孙祜、金昆、戴洪、程志道：《清明上河图》（1737）局部，绢本水墨设色，台北故宫博物院

的做法，用艺术天赋和历史知识来取悦雍正。在内府收藏的众多《清明上河图》中，只有（传）仇英本与1737年本在装裱时用的是相同的织锦，这表明这两幅作品之间存在紧密的关联。

还有另一个本子与1737年本关系密切，它就是沈源创作的粉本。这幅粉本与1737年本在构图和场景上几乎完全相同，画上还有两枚特殊的印鉴，与（传）仇英本一样，这幅粉本可能也是乾隆帝登基前的藏品之一。尽管1737年本由雍正授意创作，但乾隆对它的绘制似乎产生了一定的影响。1737年初，乾隆下令将这幅画与副文本（印鉴、题跋等元素）一同装裱为手卷。副文本是手卷的重要组成部分，手卷的价值和地位借由它们才能界定。就1737年本而言，观者展卷时首先看到的便是乾隆的诗作："蜀锦装全璧，吴工聚碎金。讴歌万井富，城阙九重深。盛事诚观止，遗踪借探寻。当时夸豫大，此日叹徽钦。"除了讽刺宋徽宗，借此强调不同统治者在文化层面的竞争以外，他还注意到了匠人在绘画创作中的地位。在此画的5位创作者中，只有陈枚属于真正的"吴工"，他是这幅作品的决策者。清代虽然没有正式的画院，但在《石渠宝笈初编》中，关于1737年本的记录前有"画院"二字，这表明此画是乾隆朝"清明上河"主题的画院版本。

出于实际原因，以《康熙南巡图》为代表的康熙朝画作所动员的众多画家并不一定都是宫廷画家。雍正在位时间较短，他虽将1737年本视作重要的文化工程，但他关于宫廷绘画的看法没能形成独立的范式。乾隆通过对"清明上河"主题画作的理解，有意识地将处于实践层面的合作画改造成一种展现集体技艺的行为。1737年本固然并非出自他的授意，不过它为这位雄心勃勃的年轻皇帝提供了实现艺术抱负的最早契机，他想要将宫廷绘画打造成某种制度性的产物。

乾隆的理念

毫无疑问，"团队协作"是理解乾隆朝宫廷绘画的关键词。与前代合作画相比，乾隆朝的宫廷合作画数量更多，这些作品往往由两位以上身份差异明显的画家操刀，且合作方式通常由皇帝控制。作为乾隆宫廷图像制作的核心，这些合作画展现了乾隆的文化理念。从实践层面而言，1737年本为此后的乾隆朝合作画确立了题款、钤印方面的规范。题款以画家身份等级为序，依次罗列参与作画的画家姓名；钤印则指明与此画创作关系最为密切的一到两位画家，他们是画作的主要策划者或是主要部分的完成者。事实上，乾隆往往指示一组画家进行合作，并控制题款所包含的画家人选以及题款排名的顺序。根据《造办处活计档》的记载，乾隆有时会让某个画家给另一个画家的作品落款。因此，这类合作画上的款识并非文献证据，而是观念陈述；也因此，钤印能够补充说明画作的真正执行人。

乾隆并非清代宫廷绘画体系的创立者，题款、钤印、协调各有所长的画家进行合作等实践出现的时间并不重要，重要的是根据文化理念和政治理念组织和调整相关实践的方式。乾隆利用上述手段创造了一系列宏大的图像工程，借此生成与巩固他的文化理念。1737年本开启了此类"院本"绘画创作的先河。在此后的12年中，乾隆宫廷创作了9幅大尺幅院本绘画，其中5幅手卷和1幅立轴在风格特征和主题层面都与1737年本有相似之处。此类作品不仅展现出画院画家的高超技艺，还展现了乾隆宫廷艺术中尚古风气的一个层面。乾隆在位初期，不仅通过多种手段整理和重新阐释了内府收藏，还为其扩充了包括大量宋元绘画在内的新藏品。对乾隆而言，重构古代绘画主题和艺术收藏都与文化抱负有关，他希望运用宫廷绘画来复兴古典，这与文人理念相一致。但就上述画作而言，它们大多以17世纪苏州片为蓝本，运用重彩手法和丰富细节来展现夸张梦幻的场景，这是对其皇家身份的公开标榜。乾隆希望自己的"画院"能与前代画院一较高下，而这些画作正是这一理想的明证。

（郑涛 摘编）

替沈源说几句

韦陀

摘自：Roderick Whitfield, "A Word for Shen Yuan," *Archives of Asian Art* 71, no. 1 (Apr. 2021): 123–129。

在关于 1737 年本《清明上河图》的论文中，王正华教授论述了雍正、乾隆两位皇帝介入此卷创作的情况，她尤为强调乾隆帝在登基之初对宫廷画师工作的兴趣，这种兴趣贯穿了乾隆的一生。乾隆极为重视这幅作品，画上有乾隆登基前的印鉴，它与（传）仇英《清明上河图》所用的装裱材料相同。王教授的论文主要关注由 5 位宫廷画家合作而成的设色院体画，她只是简略提及了此画的等大水墨粉本："这幅手卷是 1737 年本的水墨粉本；它的作者是长于界画和人物画的宫廷画家沈源（活跃于 18 世纪早中期），它与 1737 年本在构图和场景层面几乎完全相同。"除了沈源本人的款印之外，画上另外两枚印章表明它"可能是宝亲王（弘历）的藏品"。她在一条注释中补充说："沈源在雍正朝不过是一位画样人，他在乾隆元年被提拔为画师，并受赐绢帛。毫无疑问，乾隆十分赏识他，这可能与这幅粉本有关。"

1965 年，虽然尚未得见张择端本《清明上河图》或沈源粉本的实物，但我在博士论文中提出，沈源粉本与 1737 年本不仅构图相同，后者还从前者那里借用了众多细节。王教授在另一条注释中以概括性的方式否定了我博士论文中的一个主要结论："韦陀指出了 3 个将 1737 年本与张择端本联系到一起的特殊细节。即使这种看法没有问题，这些细节也无足轻重。"王教授并未言明她所谓的"细节"究竟是什么，但我认为她说的应该是我论文中的 4 个例证：大桥；向上游拖行的驳船；骆驼；一组截去树梢的柳树。其中有两个例证是这幅作品的核心构图元素，它们呈现的细节特征只出现在张择端本、沈源粉本和 1737 年本之中。

1970 年，一场中国绘画国际研讨会上展出了 1737 年本和沈源粉本，对这两幅作品的仔细比对验证了我之前的结论：沈源在创作这幅粉本时显然仔细学习过张择端本，粉本的绘画元素均以张择端本为蓝本。沈源并没有照搬张择端本中的元素，而是将其与其他本子的《清明上河图》中的元素结合到一起，融入了这幅粉本之中。例如，沈源将出现在张择端本较后段的 5 头猪改画成了 20 头猪，并将其置于画卷起首处（图 1），这一细节从未出现在其他本子的《清明上河图》中。

1737 年本出自陈枚、孙祜、金昆、戴洪、程志道 5 位画家之手，陈、

图 1　沈源：《清明上河图》粉本局部，纸本设色，台北故宫博物院

孙二人在画上留下了印鉴。因此，王教授认为陈、孙二人是此画创作的"主要参与者"，陈枚更是此画背后的"决策者"。与之相反，我认为沈源在宝亲王的指挥下创作了这幅粉本，以陈、孙二人为首的团队将粉本改绘为1737年本，他们二人并未承担规划设计的任务。除了西洋楼等少数细节以外，1737年本与沈源粉本的核心构图元素基本雷同。前文论及的20头猪以及赶猪人的形象更是原封不动地保留在1737年本之中（图2）。

图2　陈枚、孙祜、金昆、戴洪、程志道：《清明上河图》（1737）局部，绢本水墨设色，台北故宫博物院

　　因此，作为深受宝亲王青睐的画家，沈源才是1737年清院本的真正设计者。

（郑涛　摘编）

文景

社 科 新 知　文 艺 新 潮

Horizon

中国研究文摘·第1辑

刘东 主编

出 品 人：姚映然
责任编辑：高铭婉
营销编辑：杨　朗
封扉设计：林　时
版式设计：宋　涛

出　　品：北京世纪文景文化传播有限责任公司
　　　　　（北京朝阳区东土城路8号林达大厦A座4A 100013）
出版发行：上海人民出版社
印　　刷：山东临沂新华印刷物流集团有限责任公司
制　　版：南京月叶图文制作有限公司

开 本：700 mm × 1020 mm　1/16
印 张：14.00　　字 数：188,000　　插 页：2
2025年5月第1版　　2025年5月第1次印刷
定 价：68.00元
ISBN：978-7-208-19476-2/Z·261

图书在版编目（CIP）数据

中国研究文摘. 第1辑 / 刘东主编. –– 上海：上海
人民出版社, 2025. –– ISBN 978-7-208-19476-2
　Ⅰ. K207.8-53
　中国国家版本馆CIP数据核字第20257Y7N58号

社科新知　文艺新潮　｜　与文景相遇

微信公众号　　　　微　博　　　　　豆　瓣

bilibili　　　　　抖　音　　　　　小红书